近代中日關係研究 第二輯 10

檢查官與社會正義

佐藤道夫 著
陳鵬仁 譯

蘭臺出版社

目次

推薦文

有人說「法律不僅是邏輯的推演，更應是生活的體驗，在溫室中長大，在象牙塔裡辦案的人，不是一位好法官」；但也有人認為「法官不能以個人的生活經驗來審判犯人。」一那麼一位家中曾遭竊賊侵入，導致妻兒驚嚇過度，因而深刻瞭解竊盜之可怕，而對該種犯罪從重量刑的法官，是否算是持平公正的審判者呢？值得深思。日本的佐藤道夫檢查官，以其長期的工作經驗，親身的體會，用隨筆的方式，寫出一系列短文，作為司法生涯的回憶，並且探討有關的法律問題，兼具法學的、哲學的、文學的意涵，很有可讀性。

陳鵬仁先生是國內著名政治學教授，也是日本專家，譯筆流暢，法學文章本來就不容易翻譯，譯者已盡最大努力，以求達到「信、達、雅」的程度。

本書沒有純法學論著那麼嚴肅，但每篇短文都有法律意義，趣味橫生而意境深遠，有助法律教育的推廣，本書即將出版，特為推薦。

施啟揚

八十四年四月十七日

序文

此次，承蒙陳鵬仁先生特別的盡力，拙著《檢事調書の余白》在台灣譯成中文出版，著者覺得非常高興。

台灣是我祖父佐藤豐治命終之地。

祖父生於日本宮城縣的荒村，過了貧窮的幼年時代之後，立志到東京，苦學力行結果，前往台灣擔任警察，以後屢次升遷，一九二〇年代出任警察署長（分局長），為維持治安而奮鬥，一九三五年在基隆署長任中，因得風土病而去世。

經過祖父逝世五十年後，在祖父有過緣分的台灣，生前與他未曾謀面之孫子的著作的中文版問世。著者以為這是獻給祖父豐治在天之靈最好的獻禮。

著者擔任檢查官三十多年，最近將屆齡退休。在這三十多年的歲月中，對檢查官寄以深厚的期待而所撰的就是本書。

如果能從本書，領悟日本國檢查官之運用法律，實現正義之驚天動地的氣魄，那就太好了。

佐藤道夫

一九九五、元、十九，於北海道札幌

譯者的話

本書作者佐藤道夫先生，一九三二年出生於宮城縣，東北大學畢業，曾任札幌、千葉、東京各地檢署檢查官、法務省刑事局課長、內閣法制局參事官、盛岡、橫濱等地地檢署首席檢查官、最高檢查廳刑事部長，現任札幌高等檢查廳檢查長，在日本，以有骨氣的檢查官馳名。

本書的文章，除兩篇外，全部自一九九一年十月十一日起，至一九九三年七月三十日止，在《週刊朝日》的《法談余談》專欄連載，並於一九九三年十一月五日，由朝日新聞社發行單行本，迄今出了八刷（八版）。

本書的譯文，曾經分別在《中央日報》、《民眾日報》、《國語日報》、《台灣日報》、《中時晚報》、《中華日報》、《自立早報》和《台灣新生報》，以及《國魂》、《日本研究》、《司法周刊》、《婦友》等刊物載過，並獲得非常好評和肯定。尤其每次在《國語日報》刊登之後，更在中廣服務網「窗外有藍天」播出。

總統府資政馬樹禮先生告訴譯者說，曾任日本勞動大臣、文部大臣（教育部長），現任日華議員懇談會會長、眾議員藤尾正行先生最近來訪，馬先生到旅館去看藤尾先生，在他桌子上就看到了這本日文著作，可見此書在日本的重要性和普遍性。

我們國內正在力大推動司法革新。一個現代國家，其司法必須公開和公正。唯有司法公開和公正，這個國家的一切才能上軌道。本書的內容，必能給我們社會帶來鼓勵作用，這些文章無異是佐藤檢查長良知和良心的呼喚。

最後，我要由衷感謝司法院院長施啟揚先生為此書賜寫推薦文，吳正順律師對專門術語的指教，慶宜文教基金會董事長薛君文先生、總經理林繁男先生出版本書，更希望此書淨化我們的社會和人心。

陳鵬仁

八四、元、廿三，於陽明山

維那斯

成為井上久氏（久是平假名日語音譯—譯者）之《綠葉繁茂》（小說書名—譯者）之舞台的高校（高等學校的簡稱，等於我國的高中—譯者）是，我的母校仙台一高。

我於一九四五年四月進舊制仙台一中，中途學制變更，編入新制高校。低於我一班，有電影明星菅原文太，井上低我兩班。

二次大戰期間，軍國教育興盛，劍道、柔道皆為正式教科。戰爭結束後，教育改變了，但劍道和柔道仍舊教授。

校長是很有信念的人。他認為，武道是為鍛鍊心身的，與軍國主義無關係。這雖然是正論，但卻觸犯了盟軍總部（GQH）的忌諱。故有一天，腰帶手槍的憲兵（MP）威風凜凜地踏進校園，立刻把校長換掉。這是那樣的時代。

當時的學校生活，大致上像《綠葉繁茂》所描寫的那樣。雖然吃得不好，但還有悠然自得的氣氛。

不知為何，仙台沒有實施男女同校。

我與兩三位同學商量，藉口成立「聯合國教育、科學、文化組織學生部」，準備從事社團男女交際活動。雖然以UNESCO作幌子，但沒有人知道這是什麼。

我們呼籲各校，結果許多男女同學來參加，活動如火如荼時，竟出現潛伏的準左派活動分子，大叫「打倒帝國主義，趕出反動教師」，致使我們的社團活動雲消霧散。準左派活動分子的一個，後來成為斯道的有點名氣的煽動家。

也有很傷心的故事。有一個高材生，因患肺病，中途退學。我去探他病時，躺在床上的他，怨嘆自己的不幸，而潸潸淚下。照顧他的母親哭起來，我也哭了。幾年之後，我與犯了罪的他重逢。

他去買春，竟以對方態度不好揍這個女人，使對方受重傷，真是很難為情的事件。

有一年的某天，熱得要命時，我們走進學校附近一家飲料店，在那裡看「維那斯」。

我們一時說不出話來。白白的臉，紅紅的嘴唇，有如很鮮艷的一朵花。

長長的睫毛，很多的黑頭髮，彎著脖子好像要問什麼的樣子，她的表情，不知該怎樣形容。

白天打工，晚上上夜校，維那斯也在堅強地奮鬥。

暑假結束之後，不見她的蹤影，不久傳聞她參加了前來仙台演出的東京劇團，離開了此地。

有一天，我們正在看電影時，大家嚇了大跳。

千真萬確地，她從銀幕上向我們微笑著。

這故事，後來由後輩滑稽可笑地傳下來，井上在《綠葉繁茂》中有些諷刺地描繪出來。

而所謂維那斯，就是若尾文子（非常漂亮而馳名的日本女明星—譯者）。

舊制仙台一中

如前面說過，我於一九四五年四月進舊制仙台一中。在時代轉變之際，也有很奇特的教師。

校長是東北帝國大學名譽教授，工學博士的大人物。他實踐「真正的教育在於教師的背影」，終日不開口，在校園走來走去。

對於心目中偉大的校長，學生們畢恭畢敬地天天看著他的背後。

記得是校長講話的時候，他說：「我有一個哥哥是司法官。法學家有不少很奇特的人。夜晚靜悄悄的時候對他說『沒有任何聲音時』，他竟回答說：『不是有掛鐘滴達滴達的聲音嗎？』司法官真不懂得情趣」。

我作了他所說有如化石的司法官幾十年，這或許是由於某種因緣。

這位校長後來被中間偏左勢力抬出來競選知事，並當選了。這是今日的所謂學者知事的開端。

他的名字叫宮城音五郎。乃兄司法官是戰前曾任司法大臣（相當我國的法務部長—譯者）的宮城長五郎。

國語的老師是劍道的高段者，有如宮本武藏能操雙刀。但同時又是白臉書生想做作家的文學青年。他自稱是太宰治（譯注）的徒弟。他常常從教室窗子望著天空，談著同學們無法理解的文學。

報紙報導太宰自殺的那一天，他改了臉色，跑出校外，從此沒有再回來。

後來，我看過他的兩三篇作品，是不是跟他所高談文學論那樣高級，我已記不得了。

戰後是社會科的黃金時代。不知道該教什麼的老師，拼命要求學生寫報告。

當時，因為戰災燒燬的市內，根據都市計畫，建造了許多寬闊的馬路。

沒有鋪柏油的馬路，風稍微一吹，便捲起砂塵，因而被譏為「仙台沙漠」。

細細的大街，兩旁的樹苗看起來可憐兮兮地，因此有不少人要追究市長的責任。

我們的研究報告選擇了都市計畫這個題目。

由於某實力者的介紹，我們很大膽地求見市長，他決定利用中午休息的三十分鐘與我們見面。

據說，這位市長年輕時，曾拜喜歡大吹大擂而馳名的東京市長後藤新平（作過兒玉源太郎台灣總督的民政長官—譯者）為師。所以他想在仙台實現後藤欲在東京實現的構想。二十年、三十年以後，大街兩旁的櫸樹一定長得很茂盛，小鳥鳴叫，人人享受樹陰，車子穿梭。

市長在世時曾經這樣熱情地說過，那時我已經不在人間了，但必有那樣的一天。他的夢，真地實現了。

這位市長名字叫做岡崎榮松。他是真正的政治家。

（譯注）關於太宰治，請參看拙譯《日本的作家與作品》下冊（黎明文化事業公司），〈太宰治及其作品〉一文。

嫌犯石川啄木不起訴

上任盛岡地檢處的首席檢查官（本書作者—譯者），首先巡視了各部門。一進去辦理事件的房間，課長便恭恭敬敬而有點得意洋洋地拿出一本舊簿子。

表題是「明治三十九年　檢務事件簿　盛岡地裁檢事局」（明治三十九年是一九〇六

年；地裁為地方裁判所即地方法院的意思—譯者），課長開始翻閱。

「第六六四號　罪名委託金費消　主任佐倉　受理八月六日　八月九日不起訴　理由輕微」

其次看被告姓名。

「岩手郡　民村十一番地

小學代用教員　石川一」

這使首席檢查官嚇一跳。站在旁邊的課長好像很想說：「感想如何」的樣子。

我知道年輕時候的石川啄木（原名一，啄木是筆名，為日本極著名的詩人—譯者）曾經發生過金錢事件，但沒想到它的證據在這裡。

這是八十多年前的事情。

個子瘦瘦地，稍稍圓臉。穿著便裝和木屐的啄木，很神氣地，以很大腳步聲進入檢查局。據說啄木很溫順地接受了檢查官的詢問，並流下悔悟的眼淚。

但我不能想像這樣的啄木。這樣的啄木，將使人們對他形象感覺幻滅。事實上，啄木對檢查官堅決主張自己的無辜，並要求訊問證人。

以下是啄木日記的一節：

「九日上午，我向檢查局報到。（中略）睏倦的檢查官由時髦的書記官陪同訊問了我。我據實作答。他們要我去把大信田帶來。我遂去把他帶來了。檢查官訊問了大信田。他的回答與我所說沒有什麼兩樣。因此我沒事飄然出了法院的大門。」（岩波書店出版《啄木全集》第十三卷）

啄木說他的解釋獲得了接受，但實際上的處分是，承認其嫌疑，但不予起訴。

啄木日記上的所謂「大信田」是，盛岡市內布莊的小老板，以「落花」為筆名的文學青年。

啄木於前一年九月，令落花拿出五十日圓，計畫出版《小天地》雜誌。這份雜誌，正宗白鳥、小山內薰、與謝野鐵幹（都是著名作家—譯者）等皆有文章，但只出了一期。

罪名所謂「委託金費消」，是已經廢止了的舊刑法的罪，相當於現今的侵占罪。啄木可能將出資金的剩下部分流用於自己的生活費。當時，代理教員啄木的月薪是八日圓。

啄木在其日記，拚命攻擊政府權力的不當。但《小天地》只出版一期，也沒把錢還給人家，所以啄木也不配說大話。

至於落花，其想法也有問題。他雖然向警察申告為被害者，但在檢查局卻似說了否定它的話。在日記裡，啄木向檢查局報到的前一天晚上，曾經訪問了落花宅與對方協議，並接受酒菜的招待。所以不管理由是什麼，對此事不予起訴是不無道理的。

日記中所謂的「睏倦的檢查官」，指的是盛岡地檢處首席檢查官佐倉強哉。當時，盛岡地檢處的檢查官，包括首席只有兩個人。對於這個不是頂重要的事件，首席檢查官親自擔任。所謂「時髦的書記官」，是日後出任過盛岡市長的中村謙藏。

岩手人對於啄木的愛慕，是不尋常的。在盛岡住了一年多，望著那廣闊的山野時，我好像能夠瞭解他們的這種心情。總之，《雲是天才》（這是石川啄木的一本小說的書名—譯者）。

石川啄木的「罪」

前面我們說過，石川啄木曾因侵占嫌疑被檢查局審問，於一九〇六年八月九日，以事實輕微而予以不起訴處分。

在其前一年，石川曾與住在盛岡的文學伙伴大信田落花，計畫出版《小天地》雜誌。契約似乎是大信田出錢，石川提供勞力。

這份雜誌只出一期。大信田的錢如何開支，剩下多少，並不清楚。

但從其成為事件看來，可能有剩餘款，石川將其流用於生活費，因此大信田才告他侵占。

如果石川一開始就無意繼續發行雜誌的話，這應該屬於詐欺罪。如果是中途改變主意，將餘款流用的話，則有侵占的嫌疑。但是不是侵占，要看他們兩個人的契約才能確定。

如果大信田將金錢的用途限於出版，則流用它的石川的行為是侵占。處理此案的盛岡地檢處主任檢查官佐倉強哉，可能基於此種看法，而認定石川的侵占嫌疑。

至於詐欺呢？

事實上，於該年五月，石川曾以相當可疑的手法，從土井晚翠夫人取得一筆金錢。石川往訪仙台的土井住宅，呈獻其詩集《憧憬》。此時土井已經出版《天地有情》，以浪漫詩人相當馳名，也有不少財產。

當時，石川「創作」其妹妹訴苦故鄉母親生病的書信，由之令土井夫人拿出十五日圓的慰問金。佐倉主任檢查官如果知道這個事實，對於嫌犯石川一（石川啄木的原名—譯者）的看法可能又不一樣。

先父與土井晚翠有深交。根據先父的說法，對於這件事，土井曾經這樣表示過：「培養有才能的年輕人，是我們的義務。」

刑法學的泰斗故小野清一郎博士是岩手縣的出身，為石川之中學的後輩。

在石川的日記中，「據說此人為盛岡中學空前的秀才，這次以第一名考進一高（第一高等學校之簡稱，一高畢業生大多能考上東京帝國大學—譯者）德法科」。（筑摩書房，《啄木全集》第五卷），並再三出現。小野博士曾經告訴過我：「社會上的傳聞，大致上沒錯，在金錢方面似很馬馬虎虎。但他是很有魅力的人。」

石川啄木的日記，對於自己的行動，譬如不還錢，中途把事業扔掉不管，隻字未提。反而說被害者的大信田在他面前驚慌失措。

這實在太自我中心主義。

由此我想起了托斯特也夫斯基的《罪與罰》。石川似乎有這樣的觀念：「有錢人給予不幸的天才以錢是應該的。」

在另一方面，從大信田的態度和土井的言行，我們可以窺悉當時自卑的資產階級特有的屈折心境。佐倉主任檢查官是否也有此種想法，令人尋味。

總之，將此事予以不起訴處分，應該是沒有問題的。

人能原諒罪到何種程度？

檢查官回鄉時，召開了初中時代的同學會，以住在該鎮者為首，來了大約三十個人。

畢業已經二十多年了。大家的頭髮都有點白了。

跟他比較要好的A沒來。A在此地開著藥鋪，他有一個藥劑師的漂亮太太和一個女兒。

一位同學說明了A為何未參加。

「他真是可憐的傢伙。半年前，因為車禍，太太和女兒一起死了。他跟太太感情不錯，店也生意很好。」

A一家人，有時到餐廳去吃飯。

那一天晚上，三個人一起外出，在路上A碰到熟人，稍微聊了天。於是太太和小孩慢慢往前走。幾分鐘以後，從前面響來大轟隆聲。一看，大卡車闖進人行道，在那裡走著的兩個人，被壓死了。

「二人當場死亡。他發呆了。遂把店關掉。真希望他能堅強起來。事件正在裁判中。司機是二十來歲的年輕人。原因可能是超速。大概會判五年左右。」

大家都很想聽聽檢查官的意見，他回答說：「大約兩年」，皆很驚訝。

檢查官說了目前他正在經辦的事件。雖然在酒席，大家都默默聽著。

「事件是殺人。在妻子和女兒為被害者這一點，與A的事件類似。犯人是老闆的學校後輩。他從故鄉出來投靠老闆，受老闆照顧。老闆一家人是某一宗教的熱烈信徒。以助人為其信念。老闆照顧許多人，也給這個犯人介紹工作，借錢給他，有如對待親人。可是被這個人殺死妻子和小孩。犯人說：『去借錢』，太太表示很是麻煩，以後不要再來，因勃然大怒，殺了太太，剛好小孩回來，也把她殺掉。死人不能爭辯，是否真的這樣，也無從知道。」

「這個傢伙實在太壞了，應該死刑吧。」一個人說，大家點著頭。

從家鄉回來以後，檢查官又把被害者的老闆找來。

他的年齡跟檢查官差不多。令人感覺非常忠厚，全身誠實的人。

「老實說，我很怨恨這個犯人。很想分他的屍。但我不主張判他死刑。要求人之死，有違神的教義。縱容他，沒有教他世上的規矩的我也有責任。所以請給他一個重新作人的機會」。

老闆回去以後，檢查官站在窗戶旁邊，望著外頭，想著他說的是不是真心話，如果是，人到底能原諒他人的罪到什麼程度。

檢查官忽然往下看，看到外邊馬路上，老闆背向夕陽蹣跚走著。垂頭喪氣，彎著背，好像背著社會的不幸於一身。

背著十字架爬著哥爾格達小山的耶穌背影，縈迴於檢查官的腦海裡。

玫瑰與〈江差追分〉

晚上回家，看到有人送玫瑰來。很濃的幾朵黑紅玫瑰，幾乎要從花瓶溢出來。狹窄的房子，因為華麗的色彩顯得很耀眼。

「生日快樂。好漂亮的玫瑰！不知道是什麼種類。」內人問說。

是的，今天是檢查官的生日。但自結婚以還，夫妻之間沒有這樣彼此祝賀生日的習慣。當然如此送來花束祝賀也是第一次。

「不知道是誰送的」，內人問，但他本身也一直在想這件事。可是無從猜測。

送貨欄只寫某個町（鎮）的名稱，其下面署名Y，因此無法猜想。事實上在這個鎮，他根本沒有任何熟人、朋友和親戚。

覺得有點不太對。

在花裡頭他最喜歡玫瑰。這是因為已經去世的祖母喜愛玫瑰，沒有其他理由。這種事，他沒給任何人說過，他太太應該也不知道。

不知名的人為他生日送來玫瑰，這是不是偶然的一致？真是不可思議。

如果是送花者與事件有關聯，這就麻煩了。但既然不曉得是誰，也沒辦法。玫瑰是從當地的花店送來的，但問花店，他們也說不知道。

玫瑰是無辜的。故不能把它丟掉。惟可能是情緒的關係，玫瑰以有些不放心的氣氛，彬彬有禮地開了幾天，隨時光的經過，凋謝而被丟去。

「Y」究竟是誰？偶爾他會想。

從此以後，每年的生日，「Y」一定送來玫瑰。一調職，不知道是怎麼查的，玫瑰便出現於新的地址。

紅的、白的、黃的、紫的，送來了各色各樣的玫瑰。

一到季節，自然而然地，家人便等待著玫瑰。今年不知道將是什麼顏色，變成吃飯時候的話題。如此這般，過了十幾年。

這一年，檢查官調到北海函館地檢處去了。玫瑰照樣追到北方來。

初秋時節，他出差到面臨日本海的一個小鎮。這是沿海的小地方，古老的房屋，人口不多，靜得很。曾經盛極一時的鯡府邸的燦爛，令人覺得有些難受。

晚上他宿於當地一家小小的旅館。晚飯後，他坐在窗邊，呆呆地望著海。

隔壁房間似乎是酒席。在大說大笑的宴會中，忽然聽到〈江差追分〉（追分是一種帶著悲調的民謠—譯者）。唱得很好。萬分悲調，高低粗細，令人聽來很動人。歲末的日本海夕陽已落，漁火微微搖晃著。嫋嫋的歌聲，原封不動地溶進黑暗的海裡。

突然間，一樣東西觸到檢查官的心弦，大事擺動。一瞬間，消除了他十多年的疑問。

對了，送玫瑰的就是這個人。〈江差追分〉解開了他的謎。

這個嫌犯是個政治團體的幹部。在從事街頭文宣活動的同時，他們也到公司去拜託政治資金的捐獻。由於活動的差錯，時或發生口角，甚至於演變為暴力、恐嚇事件。他也由此被逮捕，為檢查官所審問。

檢查官和嫌犯也都是人。人與人之間，時或會彼此很談得來。即使在兩個人的人生交叉的剎那間，也會有一生難得的印象。

而他們兩個人的邂逅就是這樣。彼此都覺得對方是個活潑爽快的人。

他早年失去父母，而為其祖父養大。將近八十歲的祖父在東北的小鎮耕種著一點點田地過活。他祖父在年輕時，曾前往北海道，在鯡漁場工作時學會了〈江差追分〉。

他是邊聽祖父的歌聲長大的，故自然而然地會唱〈江差追分〉。在談到悲調民謠的過程中，不知不覺之中他以很低的聲音，自言自語般地開始唱起〈江差追分〉。

他端坐閉眼睛唱著。歌聲靜靜地響於審問室中。檢查官、事務官和拉著腰繩的看守都默默地聽著。旋即從他閉著的眼睛一滴一滴地掉下眼淚，於是歌停了。

「唱歌時，我想起了在鄉下隻身過日子的祖父。對於該選擇政治還是陪陪祖父，我想了很久，但現在我終於下定決心。我要放棄政治，並回去故鄉照顧祖父，兩個人一起唱追分生活。與檢查官的邂逅我終身不會忘記。如果能成為自立而無愧的人，我一定報告您。」

而每年送給我的玫瑰花束，就是他的報告。

為什麼是玫瑰花呢？檢查官馬上就明白了。他祖父利用工餘在種玫瑰。當聽他這樣說時，檢查官很可能談到其已亡故的母親愛好玫瑰的故事。

回去家鄉以後，努力工作，如他自己所說成了自立而無愧的人。他到底在從事何種行業，於其故里受到何種評價，不得而知。或許是個平凡的農家主人也說不定。

他的所謂「自立而無愧的人」，應該是對自己的工作有自信而且感覺驕傲的意思。而回憶與他的邂逅時，檢查官深信一定是這個樣子。不知道他以何種心情等待著能夠很高興地致送玫瑰的那一天的到來？

檢查官或許已經不記得與他的邂逅了。事實上檢查官完全忘掉了。但沒有什麼關係。他可能以此種心情，年年以玫瑰送檢查官。

致送玫瑰，究竟會繼續多久呢？只要繼續下去，檢查官將把它當作由天所賜的玫瑰，並以萬感的心情接受它。

便宜錶

天下有不管怎麼看也都不是靈敏的四十多歲男人，而T就是這樣的一個人。有些男人，一看就大約可以判斷他是幹那一行的。「老師」、「銀行員」便是他的典型，而T也是一眼就知道他是個「官吏」。

他給人家的印象還是有些疲勞，穿著很樸素。所帶的手錶是當今鮮見的老錶，而且非常便宜。

長期過著官吏生活，人是不是就會自然而然變成這種型呢？T是某地檢處的課長。高中一畢業就進政府機關，一幹四十多年，勤於工作，現在快要退休了。

他沒有什麼特別嗜好。日本有一陣子流行了「嗜好是太太」這句話，而T就是這種人。惟他太太幾年前過世，兒女也都長大了，所以目前過著很輕鬆的「單身」生活。

在辦公廳，他一直是從事整理事件紀錄、保管證據物品、催收罰款等工作。

凡是地檢處的職員，任何人都很想出現於受大眾傳播媒體注目的逮捕著名政治家或搜查其住宅的舞台。但T卻很想得開。他認為社會上的工作有前面和後面之分，後面（後勤）如果搞不好，前面必定一塌糊塗。因此他默默地做無名英雄。

但這個人，在多年的地檢處工作中，卻扮演過一次令大家極注目的一件事。這是二十年前的事情。一個拘留審問中嫌犯，趁機從審問室逃跑了。這是個兇犯。

於是立刻成立特別搜查班，T也被動員了。

大家分頭埋伏在犯人可能去的地方，但犯人都沒有露面。

經過一段時間之後，暗中監視工作停止了。但T覺得某個地方很可疑，深信犯人一定會到這裡。故在百忙之中，他一個人，只要有空，漏夜埋伏。有一天犯人終於在這裡露面，被T逮住了。

這是經過兩個多月時光，廢寢忘食，努力的結果。但政府官廳對這種事，沒有表揚職員個人的制度。只是由上司予以讚揚一番而已。

但T一點也不在乎。自己覺得很滿足回家，此時他太太為他準備了些好酒菜。幼兒以蹣跚的口氣念著：「爸爸，您幹得太好了。我們全家送您紀念品。」而給他一張自己寫的獎狀，太太不好意思地送他一隻手錶，以為紀念。當然T很感動，幾乎留下眼淚，拙笨地點了好幾個頭。從此以後，T每天帶著這隻便宜錶上班。

退休那一天，後輩們為T送了一項費盡心思的紀念品，是隻相當高級的手錶。T皺皺臉，很是高興。但我相信T是永遠不會帶這隻高級手錶的，因為他是「太太萬歲」的人種，一定會帶著那隻便宜錶。

幼女的燙傷

兩歲三個月的幼女，搬得動三公斤的熱水瓶嗎？即使搬得動，她能開熱水瓶的蓋子嗎？

如果你身邊有差不得一樣大的小孩，你不妨試試看。

熱水瓶的容積是一・九公升，高三〇・五公分，嵌入的裡頭蓋子。

這個熱水瓶擺在廚房，裡邊有熱開水。

幼女在隔壁的內客廳睡覺。她剛學會走路。母親趁她睡覺時出去了一下。

熱水瓶距離幼女大約二、三公尺。母親回來時，幼女在內客廳哭叫著。附近一帶有白色熱氣，幼女從頭蒙了熱開水，熱水瓶丟在一邊。似為犯人的人物站在那裡。是鄰居的女性。

根據她的說法，當她經過鄰家前面時，聽到小孩在屋子裡哭著。進來一看，幼女蒙了熱開水在哭叫。她正在不知如何是好時，母親回來了。果如此，即幼女自己搬走熱水瓶，打開了蓋子，正在玩時熱水瓶倒下來而蒙上熱開水。這可能嗎？

人們作了實驗。

對於此種呼籲，附近滿有力氣的幼兒來了幾個人。也請來了鑑定人。似乎付了應有的禮金。

幼兒們由其母親陪同和鼓勵，紅著臉，向這「大事」挑戰。其結果，搬得動熱水瓶的只有體格比較好的兩個男兒，其他的都失敗了。而且成功的這兩個人，都是兩歲十個月左右，超過年齡，故不合格。

其次，作了打開蓋子的實驗，但這很困難，沒有一個成功。

為了慎重起見，作了正式鑑定。

幼女的燙傷，頭部和臉上最厲害，胸部和胳膊的傷勢也不小，但下半身幾乎沒有傷到。

依鑑定，對睡著的人的臉倒熱開水時，其燙傷便是這個樣子。

這顯然是對睡覺之中幼女的頭部和臉上，從上面倒了熱開水，說幼女在玩熱水瓶時失誤蒙上熱開水的鄰居女性的辯解是不足為信的。

因此她以傷害罪被起訴，並判有罪。

她有一個與遭到傷害的幼女年齡差不多的小孩，大家都喜歡鄰居幼女，疼這個小孩，她因嫉妒才出於這種殘忍的行動。

這令人憶起谷崎潤一郎（譯注）的作品《春琴抄》。

瞎子的春琴，因被賊襲並潑熱開水。因此春琴與其愛人又是忠僕的佐助成就了真實的愛。

這是小說的故事。檢查官是普通的日本人，沒有特別的信仰，但新年一定去拜神社，只要有機會便去參拜神社和佛閣。

經過這個案件之後，除祈禱家內安全，五穀豐收外，檢查官也禱告那個幼女的幸福。從那事件已經好幾年了，但他還是維持這個習慣。

（譯注）關於谷崎潤一郎，請參考拙譯《日本的作家與作品》下冊，〈谷崎潤一郎〉文。

美國的麻醉搜查

作為世界的警察，自任為人權守護神的美國，一談到麻醉藥（海洛英），便問題重重。

政府和法院都會失去冷靜。有些根本意想不到的事，他們都會作出來。

這是開玩笑，真想大聲喊：「主人，請留意。」

由此可見，美國所面臨的海洛英問題多麼嚴重。

我們很同情美國的立場。但我們卻不敢苟同搜查當局之為所欲為，以及法院又肯定其作為，並發表政府今後還可能採取此種方法的聲明。

美國的海洛英取締局搜查員，在墨西哥國內被殺害，嫌犯是住在墨西哥的墨西哥人。這種時候，主權國家墨西哥當局，要追究嫌犯，如果有證據就要予以審判。墨西哥當局如果不採取此種措施，對事件擁有裁判管轄權的國家，可以根據犯人引渡條約，要求墨西哥引渡該嫌犯，在自己國家追訴。

譬如日本人在外國被外國人殺害時，因日本沒有裁判管轄權，所以嫌犯不成為引渡的對象。關於此次事件，我不是很清楚，不過我想美國應該擁有裁判管轄權。

總之，美國司法當局沒有採取依條約引渡犯人這種費時而麻煩的程序；而雇人在墨西哥，將嫌犯誘拐，帶到美國以殺人嫌犯予以追訴。

這可能沿用了前幾年，逮捕巴拿馬的諾利也加將軍，在美國付諸審判的方法。

但這是有問題的。

對於在美國的審判，被告當然主張起訴之無效。可是於一九九二年六月，美國聯邦最高法院卻以「犯人引渡條約並不禁止誘拐」為理由，同意其追訴有效。此外或許還附記了能令人接受的理由也說不定，但我實在無法瞭解這種法律理論。

以為條約亦即法律沒有禁止，所以作什麼事都無所謂的這種理論，我不認為這是正當的理論。即使是「訟棍」我相信也不敢主張。

此案例判決之後，美國政府且聲明說：今後，必要時還要採取此種方法。「法律之統治」、「正確程序之保障」，絕非一朝一夕所能建立的。這可以說是人類的文化遺產。

近代的人權思想，經由英國和法國，在美國開花結果。

我很想知道人權意識特別強烈的美國法學專家學者，對此問題有何看法。

情報工作的重要性

這是東西對立激烈，雙方陣營皆極力注重情報活動時候的事情。

某國秘密情報部的一個幹部來日本。從住宿的飯店來電話說馬上來。

這是坐車大約十分鐘的距離，可是怎麼等也等不到。經過一個小時左右，才悠哉悠哉露了面。並且什麼說明也沒有。問他，真令人大為驚愕。

他說，他從飯店出門換了好幾趟計程車，向東爾後往西，最後走路過來。他說他怕有人跟蹤，對此我表示吃驚，而對我的吃驚，他更是驚訝。

同一個時候，我往訪某國的情報機關。不知道其本部在哪裡。對方要我在飯店等著。來接的車子上，有一個強壯的司機和警衛。兩個人都帶著武器，睜大眼睛，警戒四周。簡直不敢相信處身於他們的首都。

車子似乎故意變換方向和速度好幾次。走過同一個地方兩次，由此可知並沒有直往目的地。

爾後到達很大建築物的後門附近。鐵格子門開後，進去內院子。很大的草坪，其前方有黑牆圍著。

嚮導者走得很快，忽然看不見他的影子。走近一看，在這裡牆壁竟有一個大約一公尺的縫隙。斷的部分，圍牆分成兩段，由牆與牆之中間走過去。

由於這兩段牆是完全同一個顏色，所以從正面看來，好像連在一起。

穿過牆後，有猶如建築物之入口的狹窄石台階，警備員站立著。

警備員當然應該認識嚮導者，但還是仔細檢查其身分證，然後才準許通過。裡頭的警戒也非常森嚴，重要地點皆有警備員，並要檢查身分證。

在這段時間，沒有講話，相當可怕。

這樣經過好幾個關卡之後，才見到對方。

我往訪過幾次，每次的司機和警衛都不一樣。有許多看不慣的東方人頻繁地進進出出。警戒中的敵國情報人員，為探聽其目的，可能會誘拐司機，以為詢問。萬一無法忍耐說出來時，知的愈少，受害也就愈小。這可能是他們經常這樣更換司機的主要原因。

由我看來，這好像是在演大人的間諜戲，但他們都非常認真。漫長的歷史告訴他們：為了生存，必須這樣作。

日本人不擅長於情報戰。他們甚至於討厭「間諜」這個名詞。從孫子學「不戰而勝」，並活用於實際戰爭的武田信玄和豐臣秀吉是稀有的例子。

如果瞭解情報的意義和可怕，日本人絕不會亂發動只靠精神至上主義的太平洋戰爭。迎接新的時代，今後的情報活動應該如何推動，似有好好思考的必要。

「過勞死亡」認定的矛盾

目前，「過勞死亡」正在成為大問題。最近也有一個大商社的課長，在出差地的旅館，因急性心機能不全症而猝死，並被認定為業務中的勞動災害。

對於過勞死亡的勞災（勞動災害之簡稱—譯者）認定，一年大約有三十件，而且年年增加中。

根據報紙的報導，去世的這位課長的工作狀況，只能以「驚人而可怕」這句話來形容。

在十個月之內，他出差蘇俄八次，達一百零三天，去世的一個星期以前，出差國內四天，擔任很辛苦的俄語口譯。因交涉困難，心勞特多，去世前一天出席客戶的招待，一星期以前，替同事安排喪事等等，簡直是要令人掉下眼淚的「平成女工哀史」（《女工哀史》是刻畫女工歷盡滄桑的一本書名—譯者），我們實在很難相信這種事竟發生於走在國際化時代最前面的大商社。

話雖如此，還是有許多問題。

第一是他本人。他是怎麼管理自己健康的？有沒有生病的兆候？有沒有作定期健康檢查或作全身檢查，怎樣處理每年的不扣工資的假日？有沒有設法緩和太過於密集的日程？公司的命令是不是絕對的？

第二是其家族。他們怎樣照料他的健康？有沒有勸他休假？有沒有感覺他生病的預兆？是否很期待他的升遷和收入？

第三是公司。他們是怎樣管理員工健康的？是否瞭解這個課長的健康？知道不知道其過勞？為減少他的過分勞動有沒有採取過什麼措施？去世者是很遺憾。我可以瞭其遺族的痛苦心情。但如果不知道上述的事實關係，實無從論評。

所謂過勞死，是「普通被認為健康的人，因在工作崗位工作過度，即因過勞而突然死亡」的意思。過勞死被認為是業務中的災害，具有獲得勞災保險給付的恩典。

但是否過勞為原因，很難確定。

因腦出血、雲膜下出血、腦梗塞、急性心機能不全、心肌梗塞、狹心症等突然死亡，不管時、地，任何人都有發生的可能。所以只有每個人平常瞭解自己的健康狀況，不要勉強，按照自己的步調從事是最好的方法。

常常有人比較「出世型」（發跡型）與「生活型」、「公司人」與「家庭人」、「工作型」與「從容型」，並問你是屬於那一類型。

但環顧四周，一般的日本人大多某種程度上認真工作，也蠻留意自己健康，累就休息，愛惜生活，也希望有適當的升遷。這可以說是「調和型的人」。

當然，雖然不多，也有「猛烈公司人」，為著升遷和獲得更多的收入，而拚命地工作。因此過勞死，而受勞災的認定。不過「調和型的人」也會突然死亡。這是不可避免的。「調和型的人」平常不勉強，考慮健康和工作的平衡，從容不迫地過日子。所以其突然死亡也不算是過勞死亡，也不能獲得勞災保險的給付。這種矛盾，你怎麼想？

檢查官的責任

年輕的兩個人，從旁人看來是非常配的一對。

他倆年齡相若，在同一個地方工作。兩個人都是來自地方、單身、住在郊外的公寓，因為方向差不多，所以上下班多在一起。假日時，常一道去遊玩。

同事們對他們兩個人的交往，時或予以調戲，但覺得很不錯。

女的回家鄉時，家人要她相親。對方是故鄉老鋪子的老闆兒子，見面結果覺得人也不錯。家人很贊成，她自己也有這個意思。

回來之後，女的便把這件事告訴男的。

女的很自然地說相親的事，但男的則馬上改變臉色。

對女方而言，他不過是幾個男朋友中的一個而已，但男的卻真正愛她，而女的也相信是如此。

這是常有的事。

從此以後，男的態度完全變了。一見面，他便要向女的求愛，有時候在電話上，甚至於到女的公寓強求。由此女方的心情愈來愈冷淡，逐漸不喜歡跟他見面。

男的每天晚上不請自來。女的完全不理他。男的便生氣，大聲叫罵，亂摔東西。因為太吵，鄰居便來對男的抗議。男的則毆打對方，使其負傷，因為被逮捕。

在檢查官面前，男的流眼淚表示悔悟，並說將不再去找女方，同時要辭掉公司。故鄉的父母也說要負責今後的監督。

女方和鄰居都表示：如果他有所反省，願意不再追究。

男的於是獲得釋放。

可是當天晚上，男的卻潛入女方公寓，把睡眠中的女性大打一頓之後，用小刀割了女性的臉部。女性嚇得暈過去，男的自首了。

男的說，他已毫無遺憾，願意接受任何處罰。

但即使給他再重的處罰，也無法挽回女性的身體和精神上的痛苦。當天晚上她所感受的恐怖一定是無法形容的，婚事或許將由此而告吹。能不能繼續在公司工作，都是問題。

想到女方的將來，檢查官的心情非常難受。

簡單相信男的謝罪，是否造成第二次事件的發生？

從結果看來，能不能防止第二次事件的發生不得而知，但檢查官是否盡了最大的努力了呢？

檢查官對第二次事件的發生，該不該負責任？

那個時候，檢查官能作什麼？

在他還沒得出答案，這個問題還在腦海裡打轉時，女的來信說：「因為自己不肯，而給您添加許多麻煩，很對不起。我非常感謝你周全而誠摯的處置。」這個惦念，反而加深了檢查官的苦惱。

結婚騙子的「魅力」

這真是不明不白的嫌犯。

年齡為四十歲左右。個子矮矮，有點胖胖地。頭髮全往後梳，天庭稍稍發亮。帶著很厚的眼鏡，穿得普普通通。

說話不太流利，口齒不很清楚，斷斷續續地說。大家都會覺得，他是怎樣的一個人。

他的罪名是「結婚騙子」。

你不要笑。他是斯道的「專家」，而且是一流中的一流的佼佼者。有好幾個前科。

他從未賺過正經的錢。一年三百六十五天，他腦袋中想的都是如何使女人吐出錢來。連吉田榮作都望塵莫及的美男子的結婚騙子，也絕非他的對手。他們都另眼相看這個傢伙。

他有時候自稱醫師、律師，時或稱為畫家、音樂家，又是公司職員、飛行員。是否有這樣不帥氣的飛行員不得而知，……。這一次他假裝為一流大學的副教授。

他說他專攻農業科學，研究生命工學，發表過不少論文，正應聘於美國的某著名大學。

他的「獵場」是大飯店的候客廳、酒吧櫃檯、百貨公司的展覽會場。一直待在那裡，等著「肥豬」。

依他多年的經驗和眼光，一看他就曉得這個女性的身分、環境和職業，尤其難得的是能準確判斷她心中所求何物、何事。

三十多歲，穿著名牌衣服，無機可乘的女性，這是他最好的「攻擊」目標。

一決定對象，為迎合女方的口味，他便隨時隨地塑造自己的身分和職業。

推銷的秘訣是說他懂事時即處身孤兒院。當然天涯孤獨，為著獲得今日的地位，他流血流汗如何奮鬥，拼命努力工作，但回頭一看竟發現自己是單身漢。重要的是要平平淡淡地談這個故事。

而世上就有輕易相信這種無聊話的女人，真是不可思議。經過幾次約會，談論將來，有情感以後，自然會談到錢的問題。

他會說：突然要出席紐約的學術會議　要在巴黎舉行畫展，一項很大的交易即將成功，要招待對方需要一筆錢，外國的朋友一家人生病，他剛剛幫助過窮苦的學生或朋友，手上沒有現款等等。

他絕不會開口說要借錢。而要讓聽的女性不得不自動說希望替他墊付這筆錢。這是最重要的關鍵。

他將再三婉拒，但最後會說，你既然那麼誠意，他就欣然接受她這筆款子，然後便高走遠飛。

對方一定自認為是自己沒眼光，而不敢報警。使女方忍泣吞聲是他的手腕。交往的時候，誠心誠意，非常體貼，同情其立場，由衷安慰女性。這是騙女人的不二竅門。真是豈有此理，但亦有些愛敬，令人覺得又不能太恨這個人，誠不可思議。

某社長之死

〈會社社長　救淹水的小孩　自己溺死〉

報紙的標題這樣大事報導。

孩子們在河邊玩水時，有一個小孩掉到河裡去。一時譁然，但都是小孩，束手無策。剛好有一個四十來歲的男人經過這裡，遂跳河裡去救小孩，惟因自己精疲力盡被水沖走淹死。

很自然地，報紙遂予以大捧特捧。

這個事件發生於某個縣的一個小鎮。

檢查官於二十多年前，曾經在這個縣的官署工作過。他邊看溺死男性的照片，而覺得好像見過這個人。雖然不是記得很清楚，但一定見過這個人。

可能由於職業的關係，非弄清楚溺死男性的身分不甘休，否則有點坐立難安。

他犧牲自己生命救了小孩，可以說是倒於沙場的勇士。

在過去的日子裡，檢查官與這個「英雄」，究竟有過什麼「因緣」，檢查官很想知道。

他遂照會報館，馬上有回信。

「此次溺死的男性，在此地經營小小的造營會社。他是地方的有力人士之一，與各種團體有關係，並為其幹部。有人望，人品亦佳。太太幾年前去世，沒有小孩。」

「年輕時候有參加黑道組織的傳聞，沒有右小指。整個鎮悼其喪，葬禮盛大。」

檢查官想起來了。

二十幾年前的某一天，檢查官與一個年輕人，隔著審問桌子，對坐著。桌子上攤開手帕，上面有一塊剛切下來的小指。

小指不是玩具，而是真的。從其切口還在流血，手帕上有好多紅色紋樣。簡直令人要大叫起來的特別光景。

「我剛剛切斷了我的手指。我要脫離黑道社會，不是無條件的。」

「這個手指我將寄給家父。我想請檢查官第一位看我改邪歸正，要務正業的證據。」

這個年輕人因某事件被逮捕，受檢查官的盤問，前一天才被釋放。

要改邪歸正，重新作人，談何容易。如果是小說或戲劇的世界，自當別論，事實上是不可能的。社會不是那麼簡單。

期待不可能的事，是屬於期待者的一廂情願。檢查官一直這樣想。因此檢查官對這個年輕人從沒有勸他「重新作人」。

檢查官認為，對付這種人最有效的方法是，儘量課以重的刑罰。這個年輕人的事件，因為證據不足，才沒有予以起訴並釋放他。

檢查官作夢也沒想到，他會以這種方式脫離黑道社會。即他被釋放的第二天，切斷小指自行來報到，以改邪歸正。由於眼前的血斑斑的手指太嚇人，所以檢查官說不出話來。

年輕人繼著又說：「看了那張照片以後，我下了決心。」

檢查官桌子上有一張照片，照片上是一位年輕母親抱著嬰兒。母親全身充滿幸福，滿面笑容。這是檢查官的夫人和小孩。

有留學經驗的檢查官，學歐美的習慣，雖然有點油腔滑調感覺，把家人的照片擺在辦公桌上。

這個年輕人又說：「我有一個女朋友，我想跟她結婚。作黑道人的太太會很辛苦，但她說沒關係，那也沒辦法，到昨天我還是這樣想。在審問的過程中，我看到這張照片，我想這檢查官的夫人和小孩。」

「我要令我的女朋友這樣開朗，只有重新做人，要務正業。」他再三省思，他那認真的眼神，原封不動地反映著他的心。

檢查官聽完他的話之後，確信他和他的女朋友一定會得到幸福。

他們兩個必定手攜手，拼命工作，過很幸福的生活。

他倆好像沒有小孩，但其家庭必很快樂，為地區的人們所信賴和尊敬。幾年前他的太太死了，現在他也離開人間了。但檢查官相信，這個鎮的人們，必永遠不會忘記這對夫婦。

法律與真心話

一九九二年秋天，在北海道發生了一件轟動日本全國的事件。

船主、船長、漁勞長（在漁船上選定漁場等的指揮者—譯者）等四十多人漁業界人士被檢舉，其中二十多人以「違反漁業法、北海道海面漁業調整規則」而被起訴，並判有罪。主要起訴事實是：在禁止捕魚區域的公海上從事小型鮭魚和鱒魚布下魚網的漁業活動。

北太平洋上的鮭魚、鱒魚漁業，於一九五六年，自舊蘇聯宣布母川國主義，限制在其領海接鄰水域作業以來，日蘇兩國之間，在魚獲分配量、作業期間和區域的限制下，勉強能夠作業。

從一九九二年，依日本、美國、加拿大、俄羅斯四國所簽訂「為保有北太平洋溯河性魚類系群之條約」，禁止在公海上之一切作業，由此該年遂被命名為「禁止近岸海面捕魚元年」，而上述事件便發生在這個時候。

開始檢舉其違反時，與當地的一位財界人士見面，提到這件事時他說：

「長久以來，兩國間如魚獲分配量並沒有遵守。每年的魚獲量都超過它好幾倍。這是漁業有關人士都知道的。監督官廳也默認這個事實。雖然如此，在保護資源上完全沒問題。我認為分配量太少了。不過分配量增加的話，支付對方國家的協助金也得增加，這樣增加漁民的負擔。此時如果公開作業的違反，俄羅斯必將對我要求數目相當大的賠款，因而無法對我們同胞大量供給價錢便宜的鮭魚和鱒魚，由此許多漁民勢必廢業。檢舉違反，其結果勢將使漁民和消費者蒙受很大損失，影響國家財政和損害國家利益。」

如果他所說是事實的話，每年日俄兩國間的同意算什麼呢？那不過是一種形式而已，此外在當事者之間暗中有另外一種既成事實的理解。但並不因此，有人受到傷害。包括消費者和一切有關人士，對其結果都覺得很滿意。這真的是日本獨特的現象。

於是我對他這樣回答：

「因為我不清楚事實關係，所以請你把它當作假定來聽。既然雙方都同意了，自應該很誠實地遵守其內容。由此即使消費者必須支出更多的費用，漁民不得不轉業，也得逆來順受。我不認為日本有非無視國際信義不能維護的國家利益。這種國家利益絕非真正的國家利益。無信義的國家，不能叫做國家。這種國家滅亡了，我也不會傷心。」

「日本人多愛分別原則和真心，條約、憲法、法律畢竟是原則。國民生活於原則的世界。怎樣體會國民的真心是為政者真正的本領。但這種想法是錯誤的。日本成為近代的法治國家已經很多年了。國民的真心顯現於條約、憲法、法律的時代，日本應該早已到了這種時代。」

我這番話，這位財界人士是否理解了，我並不清楚。

岩崎恭子的稅金

稅金是「繳納」的呢，還是「徵收」的呢？有人說他繳了稅，有人說被徵收了稅。哪一種說法比較普遍而合乎國民的常識呢？從法律上來看，非常明白。

憲法第三〇條規定：「國民，依法律規定，負有納稅之義務」。既然說是「納稅」，稅金不是被徵收，而是繳納。

國民是主權者，「法律」係由代表主權者的國會所制定。換句話說，國民是自己制定稅金的法律，依其所決定繳納著稅金。民主國家的所謂納稅的義務，就是這個意思。

若干年前，某國宣布廢止稅金，而被稱讚是人類史上劃時代的創舉。這可能有誤解。奴隸是不必繳稅的。不納稅不是很光榮的事。或許這種說法太過分：希望這個國家的人民不是奴隸。

在日本，國家的主人是國民。主人要負擔其國家的經費是天經地義的事。

如上所述，無論從哪一個觀點來說，稅金是要繳納的。

從前有一個時期，曾經流行過欲使國家（政府）與人民對立的思想。這些人認為，政府是壞的統治者，人民是可憐的被統治者，法律是統治者統治被統治者的一種手段。

如果站在此種想法，人民當然不願意為一小撮統治者繳稅。所以就有稅金是被強制徵收的想法。

從一九九二年起，JOC（日本奧運委員會）決定贈送在世運獲得金牌者獎金。金牌是三百萬日圓，所以這位可愛的岩崎恭子小姐也得到該項獎金，據說對此獎金被課九萬日圓的稅金。

馬上有人責難，對此可愛的少女怎麼可以課稅，實在不像話等等，並主張：要跟送給文化功勞者、諾貝爾文學獎得獎人的年金或獎金一樣，應該不予課稅才對。

這個想法是：稅金為政府的奪取，國民流淚繳的，稅的免除是很高的榮譽，但這種想法是錯誤的。

這是十四、五歲的少女，真正以自己身體賺的錢。這個少女將她所賺的一部分，跟大人一樣，以稅的方式回饋國家，將其用於福利或國際援助的一部分，不是很好嗎？全日本都找不到第二個這樣的少女。

況且，她的非凡成績，並不是她一個人的力量所完成的。

如果我們把金牌當作國家、社會、學校、社區等一切力量凝集的結晶，而將其獎金的一部分作為稅金回饋國家、社會，我相信可能更符合岩崎小姐的意思。繳稅金是很光榮的事，我認為她可能這樣想。

從這個觀點我猜想：岩崎小姐對於獲得各種榮譽的得獎者的大人，不給予其獎金課稅覺得很不好意思，而希望將其獎金的一部分回饋社會，以分享這份喜悅。

不尋常的長期裁判

四分之一世紀—從起訴第一審的判決，這個案件花了這麼長的時間。起訴於一九五六年四月，判決於一九八一年十月，所以整整經過了二十五年六個月。

這也不是因為被告生病裁判停頓所致。被告身體很好，每次都按時出庭。更不是由於事件複雜。只是漏稅大約八百萬的事件。起訴當時這個數目算是不小，但經過多年歲月，判決時，作為漏稅金額，實微不足道。

審判一共舉行了九十四次，一年大致三、四次的樣子。因為經過這樣長的時間，所以法官和檢查官換了好幾批，共計法官大約四十人，檢查官大約十五人經辦了這個案件。從頭到尾沒有更換的只是被告。因此裁判成為他的人生目的。事實上，當用了四分之一世紀，贏得了清白，他很滿足之後去世。

總之這個案件的審判，實在拖得太長。

日本裁判之需要很長時間是有名的。許多人以為即使控告對方起訴，必將拖很久，所以往往托有力人士，甚至於黑社會分子幫忙解決。

在東京和大阪，幾乎同時，有兩個國會議員以類似的受賄嫌疑事件被起訴。東京I議員的審判進行得很順利，幾年就解決。但大阪S議員的案件，卻拖了二十多年。

有一個很感性的國會議員提出這個問題。他說，關東與關西的裁判期間為什麼差這麼多？這種情況是否違反規定法律之前人人平等的憲法第一四條？外邊的人看來極其不尋常的此種情況，法學界、司法界是否認為這是正常？

他這種疑問是有道理的。

世上有「訴訟的遲疑是訴訟的拒絕」這句名言。一再拖延的裁判，已經不是裁判了。

被告在憲法上擁有「迅速受裁判的權利」。對於這種權利實質上受到傷害，他們是否覺得不關痛癢？

根據統計，起訴事件的大約八〇%，在六個月之內皆獲得判決。判決花上兩年的雖然不到一%，一年大約幾百件，但日本的裁判還不能說是很健全。

日本的審判，大多是自白事件，故很快就會解決。惟稍微有爭論就不行。三年、五年、十年，其裁判馬上長期化。

洛克裴德飛機事件、聯合赤軍事件、北海道廳（政府）爆炸事件、甲山學園殺人事件、富山、長野連續殺人事件、戶塚游艇學校事件，統統起訴後審判了十幾年。

有人說：「鐵要趁熱打」。發生事件，證人記憶猶新，社會很關心的時候，司法工作者應該日以繼夜，努力工作，早日弄個水落石出才對。

裁判慢是沒辦法的，但如果有人藉慎重審議之名，以幾個月才審判一次左右為當然，那問題就不單純了。

軍隊與法律

一九九二年二月，德國法院對於槍殺欲越過「柏林牆」逃亡西方之市民的舊東德警備兵，以殺人罪判決有期徒刑。

舊東德這個國家存在大約四十年，被判罪的警備兵出生時，已經有國家了。他們所要盡忠的國家，就是舊東德。

他們被徵召入軍隊，奉命警備柏林牆，對無理由欲越境者要予以槍殺。

在軍隊，上司的命令是絕對的，否則軍隊便無從成立。軍隊的本質在此。實行命令的行為，日後成為被處罰的對象，下級的軍官和士兵是受不了的。

在德國，於一八九七年曾經發生過著名的所謂「悍馬事件」。

有突然會胡鬧起來之毛病的拖馬車的一匹馬。雇主和趕車的都知道，但雇主命令使用這匹馬。那是毫無勞動者之權利的時代。

被解雇了便不能生活。因此趕車的就使用了這匹馬，結果出事了。趕車的以只有服從為理由，獲判無罪。

賭自己生命、財產和地位，還是要貫徹自己的立場。這是很難得的，世人將其稱之為「英雄的行為」。但遺憾的是，世上並沒有英雄。

刑法上有「期待可能性」這句話。它的意思是說，如果被迫選擇右或者左時，不可能期待一般人選擇正確行為的時候，其行為不受處罰。

這是德國刑法學界所主張，並獲得支持的理論，而「悍馬事件」就是其適當的例子。發現欲越牆逃亡的老百姓，既然沒有其他防止逃亡的方法，自不能要求警備兵違抗命令，讓其逃亡。

自己處身安全地帶，而非難他人的行為是很容易的。

舊東德刑法有這樣的規定：「士兵奉上司命令所作之行為，不負刑法上之責任。但命令之執行，顯然違反已確立之國際法或刑法時，不在此限。」德國法院似乎適用了這個但書。

它認為即使是上司的命令，如果是違反國際法或人道，該項命令為無效，不能以服從命令為理由免除處罰。

而這與二次大戰後裁判戰犯的理論是相通的。

即使被起訴的戰犯辯解說他只是服從命令，但虐待俘虜等既然是違反人道的行為，這種辯解是說不通的，因而許多人便以戰犯受了處罰。

但對於服從命令槍殺逃亡者的警備兵，是否可以同樣理論來處罰，實大有疑問。

這個問題，我認為已經不是法律問題，而是政治問題。

裁判—這個文化的產物

假定這是殺人案件。

被告是美國公民。他出身路易西安那州，最近攜妻兒來日本，住在都市郊外。路易西安那的治安很差。人們在家裡都擁有槍。

有一天晚上，門鈴響了。為了預防萬一，拿一把刀開了門。他在黑暗中看見一個人站在那裡。看來絕非「紳士」。他以為「強盜」，叫其「站住」。但這個人還是走過來，於是用刀子拚命刺這個人的胸部，致使其倒地死亡。

無他，這個人是酒的推銷員。他以殺人罪被起訴，雖然主張正當防衛，但被判處十五年有期徒刑。

這件事傳到其出身地路易西安那，獲得大家的同情。他們都異口同聲地問：日本裁判的陪審員是怎樣構成的？他們懷疑：陪審員是不是選擇對被告懷有敵意的？是否把親美者除外？他們得知日本的裁判不採取陪審制度時，都極其驚愕。

「據說日本是民主主義的國家，但其裁判卻還是這麼古板。美國人擁有受陪審裁判的權利。美國政府應該要日本以陪審重審」。

有人甚至說，如果有能幹的律師替他辯護，可能判無罪。憤慨之情，充滿於整個路易西安那州。

得悉上述這種情況的自稱有識之士的日本人，都譏笑美國人之無常識，太不懂日本的國情尤其是日本的裁判制度。

以上是虛構的故事。

殺死服部剛丈君事件（在美國路易西安那，日本的少年服部誤訪美國人家，美國人叫他「站住」，他聽不懂，一走動就被槍殺的事件—譯者）判無罪，許多日本人責難美國的裁判。留美著名的日本大學教授，甚至於以犯人違反公民權法而主張要求美國政府予以重審。更有人抨擊：美國仍然停留在拓荒時代，文化程度低，是個野蠻的國家。真的是這樣嗎？

裁判是一種文化。要超越異文化之圍牆互相理解是很困難的。宗教不同時，人會毫不在意地互相殘殺。從日本人看來絕不是正義的，但在美國的裁判，有時候檢查官與律師要以「討價還價的交易」，來決定是否有罪，甚至於以不予起訴為條件，要其來從事共犯有罪的作證。

歐美人批評吃鯨魚和馬肉的日本人。日本人非難吃狗肉的中國人。從前，日本人罵吃牛肉和豬肉的歐美人為夷狄。

陪審制度無異是美國的歷史。由公民來審判公民，這就是陪審。因此，他們不重視證據的精微分析，所以審判往往為辯護人的本領、輿論和公民的感情所左右。

美國人雖然知道有這種缺點，但還是著眼於司法的民主化的長處，而仍然維持其陪審制度。

我們對於服部君的死很是傷心。對犯人之獲判無罪還是覺得不服氣，但我們要知道：外國的審判本來就是這樣。

各有所司

我們對於「法律」應該採取怎樣的態度呢？雖然許多人以為他知道，但可能知道得不是很正確。不知而犯錯，還情有可原，但如果有人知而裝不知，那就問題大了。

專制國家的「法律」，可以說是統治階級統治被統治階級的工具。但在民主主義國家是如何呢？

「法律」由代表主權者之國民的議會所制訂。國民自己來制訂適用於國家、社會、家庭的規則。

由於自己所制訂的規則，所以遵守這些規則是理所當然的。曾經一時流行過所謂「國民的抵抗權」。這是不知民主主義國家之法律為何物者之言。

如果規則有問題，經由大家一再討論，最後以多數決把這規則變更就行了。為什麼我要說這些話呢？最近，法務大臣命令了死刑的執行。此種命令，依法律規定，在原則上，要在判決死刑確定六個月以內發布。

換句話說，這是國權之最高機關的國會亦即主權者的國民對法務大臣的命令。因此，法務大臣如果不發布執行死刑的命令，他便對國民嚴重地違反了其任務。

這是顯而易見的道理。

可是對於法務大臣的此項措施卻有猛烈的反彈。這如果是普通老百姓還可以理解，但以法學家自任或國會議員者，我就百思不得其解了。他們的立場，無異是對行政主張無視國民的意思。如果有不同意見，應該在國會討論改變其規定才對。

我再舉出類似的例子。

發生了選舉違反事件。嫌疑是挨戶訪問（日本法律禁止候選人挨戶訪問選民—譯者），違反者屬於革新政黨。在調查過程中，其所屬政黨的國會議員帶許多群眾前往抗議：「禁止挨戶訪問的選舉法顯然違反規定表達之自由和思想之自由的憲法。本件搜查應該立刻停止。」

以下是他的回答：

「選舉法是您們所屬的國會所制定的。警察和檢查官不許以自己判斷該項法律為違憲而不予適用。如果認為挨戶訪問為違憲，請在國會提出這個問題，尋求贊成者提出此種法律案，制定這樣的法律。」

此項爭論，至此告了一個段落。

前幾天，我在電視上聽到某位國會議員的意見，覺得非常驚訝。他說：

「政治資金規正法，從未適用於政治家本身。一切都是在秘書的階段就處理掉了，而且已經成為一種慣例。因此，絕對反對對此次金丸（信）議員適用政治資金規正法。」

但無論從那一個角度來看這個法律，都沒有它不適用於政治家本身的規定。任何人對於行政皆不許要求不適用法律的某一條款。「各有所司」，法律的制訂和廢止，權在國會，至於其執行，則操在行政，絕不容許任何人隨其立場分別使用。

幽玄和絢爛

我曾經應邀參加過皇宮的「結婚之儀」和「饗宴之儀」。

出席舉行於賢所的「結婚之儀」，我一直想著用什麼字眼來形容這種狀況最為適當。

「嚴肅」、「肅靜」、「神秘」、「莊嚴」、「幽玄」、「佳麗」等等，我想到了這些字眼。這些字眼似乎都很不錯，但還是不能說是「恰到好處」。

四周逐漸嘈雜起來。有小聲私語著，更有盡量坐挺一點以便觀看正面的儀式者，這種微微的私語和動作，有如小波浪鼓動周遭的空氣。

在二十世紀的今日，「神聖」的印象，恐怕不適當。對皇室，最不宜使用「神秘」這兩個字。

外面一直下著雨，因此屋頂的雨聲令人聽起滿有節奏，很悅耳。雨好像也在慶祝今天的喜事。

鄰席穿著制服戴著制帽的自衛隊首腦，坐得定神，毅然看著正面。在雨中移動之際，他們不帶雨具，沛然在雨中行進。國家不分中外，在正式的場合，軍人是不用雨具的。在我腦海裡，彷彿感覺自衛隊還是軍隊。

「結婚之儀」在喜氣洋洋中結束，皇太子伉儷離開之後，我想，這個氣氛，「華麗的幽玄」這句話最合適。

晚上，是「饗宴之儀」。「絢爛」、「豪華」、「繪卷」（畫卷）、「金襴」、「莊重」等等，有如走馬燈，這些字眼在我腦海裡旋轉著。

它與一般老百姓的喜宴，有幾個絕對的不同。

沒有司儀。天皇自動站起來致詞。非常簡單而明瞭。只有二、三十秒的時間，但該說的都說了。有許多紳士和淑女，往往利用人家的喜宴作為政治活動、營業宣傳或自我宣揚的場所，以發表長篇演說。真希望這種人能反省反省。

一位代表站立致賀詞，第二位代表領大家一起乾杯。這樣儀式就結束。誇大其詞地說一大堆美麗辭句的司儀，新郎新娘要換好幾次衣服，更要與乾冰從天上下降等等庶民喜宴的各種名堂，不知從哪裡來的。

座位的順序也滿有意思。它好像是依年齡的大小決定的。任何社會，對於座位的安排都非常慎重。辦事者常為此事傷透腦筋。但結果一定還是有人表示不滿。所以我建議：今後，開會、宴會的席次，倣照皇室的辦法，依年齡的大小為原則如何？

所上的菜，不重表面，而重其內容，這是大家一致的看法。應該算是最古板的皇室，卻不拘形式，走在時代的最前頭。

最後，如果允許我建議的話，我要建議：上面似可以考慮邀請警察、消防隊員、護士、社會福利工作人員的代表（如何決定當然是個問題）參加。

在想這些事情，饗宴之儀已經告了一個段落，而我則把它形容為「肅靜的絢爛」。

囚徒勞動與北海道的開墾

NHK的戲劇《獅子的時代》中的「樺戶集治監」，位於北海道樺戶郡月形町。設立於一八八一年，廢止於一九一九年。在當地，目前還有月形監獄。

從札幌坐車一個多小時。道路兩旁，一面綠地而無際。所謂「月形」，係取樺戶集治監首任典獄（今日的所長，因日語為刑務所，故稱所長）月形潔的姓氏。

這是日本最新的監獄。非常明亮而乾淨。受刑者的工作場所，有如大企業的典型工廠。

今日，我們不可能想像一百多年前，在這裡曾經展開過阿鼻叫喚的地獄圖。

一八六九年，設置北海道開拓史，把「蝦夷地」改為北海道。爾後，經過佐賀之亂、神風連之亂、萩之亂以及一八七七年西南之役，造成許多政治犯，加上在各地逮捕的兇犯，其處理成為問題。

一八七九年，決定令罪囚從事北海道的開墾，調查結果，認為樺戶那須倍都太（今日的月形町）最適合於建設集治監。

如此這般，於一八八一年，在此地降生了收容一千七百人的樺戶集治監。

當時的月形，全是繁茂的原始森林，其中有谷、澤、沼、丘，是個絕無人煙，熊狼的巢穴。

以後，隨囚徒數目的增加，一八八二年在空知，一八八五年於釧路再創設集治監，一八九〇年在網走設立囚徒外役所，囚徒數超過了八千人。

囚徒被驅使於開墾，開削道路，開採礦山和建設橋樑等等，其悲慘情形，不可言諭。以鐵鍊把兩個人的腳連在一起，帶重手銬。日以繼夜作工，吃的東西很少。冬天冷得要命，雪積丈餘。因而死者不斷。礦山的勞動最殘酷。落盤、瓦斯的爆發，頻仍發生，受硫黃粉、亞硫酸瓦斯之害而死亡者，變成瞎子者，日日有之。

囚徒勞動對北海道的開墾，貢獻很大。

開墾地五百多萬坪，開削道路七十多里，浚渫河川四十里，建設屯田兵舍一千五百棟，開採礦物、護岸、橋樑、公所、學校之建設等等，不勝枚舉。如果沒有囚徒勞動，不可能有今日的北海道。

一九六八年，紀念北海道海墾一百年，在札幌的中心大通公園，建造了開拓長官黑田清隆和開拓使顧問卡布隆的銅像。他們兩個人的豐功偉績，廣為世人所知。

但在其後面，卻有許許多多，被鐵鍊束縛，忍受饑餓，在超過零下三十度的冰天雪地，流血流汗和流淚，默默勞動的囚徒的艱苦奮鬥。

而由當地的有志之士，在月形町郊外建造了篠原囚徒墓地和在網走湖畔建立了鎖塚

（墳墓），令人有點安慰。

在大通公園的黑田清隆的立像，很是雄偉。威風凜凜，睥睨四周。而在其前面站立時，彷彿看到被其踩在腳底，在那裡呻吟，有如幽鬼的一大群囚徒，不知道是否只有我一個人？

公務員與民間人

因心臟病之治療機器心律調整器（Pace-Maker）的繳貨，以由醫療機器業者受賄的嫌疑，東京大學醫學院副教授兼附屬醫院胸部外科副科長、東京都立駒込醫院內科主任醫師、砂川市立醫院心臟血管外科主任醫師三個人被逮捕。在採購醫療機器和藥品上，擔任第一線醫療的現場醫師的權限是絕對的。

業者爭相要與現場醫師接近，奔跑於接待和各種各樣的服務。甚至於送紅包。有人說，這種事，任何醫院都在做，被發覺的醫師是運氣不好，好可憐，值得同情。

此次的案件，一個是國家公務員，其他兩個是東京都廳和市政府的地方公務員。因為是公務員，所以才被逮捕，如果他們是民間醫院的醫師，便不能治之以受賄罪。

若只從其所擔任的業務內容來看，公務員的醫師和民間人的醫師，並沒有什麼兩樣。因此有人說，一邊以受賄而受到社會嚴厲的責難，另一邊雖然做了同樣的事，但一點事也沒有，這不是很奇怪嗎？

同樣的例子，還有。國、公立學校的老師如果拿走了學生父母的錢則是受賄，如果是私立學校的老師，則沒有事。營林局與造林業者、公家交通機關與私人鐵路、郵局與銀行、保險公司、宅配（直接將商品等送到家裡的服務之謂—譯者）業者的關係，皆是。

如上所述，在醫療、教育、郵政、運輸、林野等領域，官民的區分不是很清楚。所以有不少人主張：此種工作應該讓民間去做，有如過去的國鐵（國營鐵路—譯者），將來將走上民營化的道路。但國家和地方政府之負責此種事業，從其沿革來看，也有其能令人接受的充分根據。

忽視歷史和傳統，馬上改變其方向，不一定立刻會對國民有利。我認為，有從長計議的必要。尤其在醫療方面，更是如此。

窮鄉僻壤地區的醫療、繼承者的培養、推動研究、保持高水準醫療等等，國家和地方政府皆扮演著極其重要的角色。

而擔任這種醫療行政的就是公務員的醫師。公務員具有身分的保障，支付年金，優先利用公共設施的種種特權。研究的費用和資料也豐富。妨害其業務，是妨害執行公務罪。

既然享受此種特權和保護，自不能在受賄上與民間人有同樣的待遇。特權附帶嚴格的責任。

公務員的醫師，必須做到這一點：包括患者，對一切有關人士要公平處理的職務上的中立性，為國家、社會服務的職務上的公共性，不得收禮收紅包的職務上的廉潔性。

跟其他一般公務員一樣，我們沒有理由把醫師的公務員特別看待。從表面來看，他們做的工作與民間醫師沒有什麼不同，但兩者之間，還是有根本的差別。

老刑警的喜悅和自豪

三十多年前，我服務於北海道的某地檢處。

對於還不成熟的一年級檢查官，有關的職員和警察都很懇切地給我教導。其中的一位是負責盜犯的老刑警A。A常常解決難事件，具有輝煌的成績，屢次獲得表揚。

有一次，A所逮捕的一個年輕的罪嫌被送到地檢處來。是初犯，似也沒有其他罪。因看起來好像很耿直的其父親來會面，故我令父子見面。父親一見兒子就給他一個耳光，隨即大聲哭起來。兒子也哭了。非常感人的場面。

我受其父親愛子之情的感動，我把犯人放了。

A很責備我。他說，從侵入的手法，只偷現款，眼神不定，非常陰沉等等看來，雖然未能發現其餘罪，這個人一定是慣犯。

兩三個月以後，他又以同樣方法入侵空宅被逮捕。其父親捎來口信說「沒有臉見檢查官」。此時我學會了看人的「學問」。

A和我，撇開彼此的立場，晚上常一起去喝酒。一喝酒，他便說：「我一心一意幹這一行幹了三十年。」

他真是拚命為工作而活的一個典型。但年輕的我卻也覺得他的這句話是沒有出息的老刑警的逞強之辯。

有一天，A告訴我：他的長子要當警察。A二世之要當警察，到底是因為眼看自己父親沒有出息，自己想在警界尋求飛黃騰達，還是佩服其父親那麼熱心於工作的結果，A沒說。

但眼看滿面喜悅和自豪的A的臉，我一瞬間得知A二世為什麼要幹警察這個行業。我倆為祝福A二世的光輝未來而乾了杯。

爾後經過了三十多年時光，A早已離開人間。

某日某縣，警察學校舉行畢業典禮，我以來賓身分應邀出席。從講台上看著新任警察官時，我想起與A的邂逅。致詞時，我從對A的回憶談起。最後說：「警察的工作，絕不許有一點點錯誤。但他們專心投入工作必將贏得家人的共鳴和尊敬。由此，有一天，他們的兒子會突然說他也想當警察。那時，請你們大聲告訴你們的同事和朋友這種喜悅」。

歸途時，一位警察貼近我，小聲告訴我說：「謝謝。我的兒子也是警察」，而走了。我的心中，充滿了無法形容的感動。

特搜查的神與海鷗的水兵

東京地方檢查廳特別搜查本部（簡稱東京地檢特搜部）的各位檢查官，要開始著手重大事件的搜查時，大多會到埼玉縣的一座神社去參拜和祈禱。但嫌犯也會到該神社去祈禱希望由此「倖免於難」，所以說起來也是很奇怪。

東京地檢特搜部係於一九四九年五月，仿照美國聯邦調查局（FBI）創立的。他們經辦過最近的「佐川事件」、「綜合營造商貪汙案件」和過去的「昭和電工」、「造船疑獄」、「洛克裴德」、「瑞克魯特」事件。

舉凡擔任檢查官者，每個人都想嚐嚐幹特搜部工作的味道。但事實上的情況是埋頭於一大堆沾有許多灰塵的帳簿，長時間與對方冷戰結果，被律師責備說是侵犯了人權等等，實在很苦，不好幹。

目前的特搜部的陣營是：部長一人，副部長二人、檢查官二十三人、副檢查官四人和檢查事務官七十四人。首任部長是已故福島幸夫。現在的宗像紀夫是第二十一任。

如果要我舉出能代表特搜部的檢查官，我要推薦故河井信太郎和吉永祐介這兩位。吉永檢查官現任東京高檢檢查長（現任最高檢查廳檢查長—譯者），故不便說什麼，但河井部長卻給我非常強烈的印象。他發表過許多論文，擁有法學博士學位。他基於豐富經驗的直感力和決斷力，恐怕沒人能比得上他。

我在特搜部工作時，曾經奉命負責保守派政治家的行賄受賄事件。費盡心血，獲得了行賄者和受賄者雙方授受現款的自供，並報告河井部長。他細細而敏銳的眼睛很明亮。報告完了之後，很意外地，他只說「哼」。

我開始急了。於是再進一步追究雙方結果，又查出另一次的金錢授受。興高采烈地再去報告。河井部長只說：「噢，是嗎？」

再經過幾天的苦戰，又弄清楚了一次的現金授受，一共三次，證據齊全。我有點感到不安，而去作第三次的報告。

「很好，可以。」

只有這句話，但他的臉微笑著。我不由地流下眼淚，在我眼裡部長的影子有如一座山。一開始，他很可能已經大致知道事件的真相。

事件的關係人，往往觀察檢查官的態度，再慢慢說出一些事實來。而且會事先套好，故意說些與事實不同的話。而在尚未弄清楚真相以前就移往法院裁判是很危險的。因為這樣而有多少事件獲判無罪，此時學得了搜查的基本。

河井部長不大會喝酒，但一稍有醉意，他便跳「海鷗的水兵」舞。他跳得很有情趣。河井部長離開人間已經十多年了，但他的志向卻仍然顯現於今日的特搜部。

探求事實

很久以前，在大阪地方法院，就違反選舉事件，對一百二十二人判處無罪，成為話題。

據說其原因是，嫌犯多為老人家，因調查官說如不承認違反將予逮捕，因此他們被迫做了不實的口供所致。

以下是很像，但不同的故事。

在政治上具有相當重要意義的地方選舉，有人以「不能讓紅旗插於官署樓上」為口號。而著名的保守派政治家已故O氏，也常常喜歡說這句話。

當時，在某業界一年一度的總會，O氏以來賓身分應邀致詞，在這席上分送了現金。選舉結束之後不久，馬上展開搜查。被盤問之出席者的大部分承認違反。據稱：O氏在致詞中，一再重複前述那一句話，並分送現款。所以被認為是選舉的收買。但卻有人絕對不承認這個事實。

他們堅決主張：O氏從來沒有講過選舉的事，他只說些祝業界飛躍發展普普通通的話就回去了。分送的錢與選舉無關。

他們是七十歲左右的老人，有戰爭的經驗。

「無論如何，我不能撒謊。雖然有要逮捕的傳聞，但如撒謊的話，我無面子見太太和小孩。戰爭時已經丟過一次生命，我什麼也不怕。」真是義氣衝天。

由於如此嚴肅而認真，因此為慎重起見，主任檢查官指示再搜查。其結果，令人覺得意外。

出席者的一個人，會後，曾經寫了很詳細的關於開會情形的信給缺席者。有人找到了這封信。

它說，O氏致詞時說些一般性的話之後，因有急事馬上就離開了。錢是以選舉以外的名目發的。

若是，為什麼發生這種錯誤呢？

當時，只要有機會O氏便到處說這句話。因為講得太多，所以人們條件反射地，一提到O氏，便聯想這個口號。

O氏既然出席大會，出席者也就大多以為O氏說了這句話，而檢查官也沒有什麼懷疑，信以為真。

裁判上的錯誤，往往因為此種小事而引起。如果以老人撒謊而予以起訴，將是如何？忠於自己的信念，從不左顧右眄的老人們，實在了不起。由衷的主張，一定會感人的。

檢查官也是普通而一般的日本人，他們跟任何家庭的父親、先生和兒子沒有什麼兩樣，只是工作內容不同而已。

過當的搜查，「偷工減料」的搜查，都應該受到嚴厲的批評和責難。

但探求和發現事實的作業，需要全體有關人士的合作，這是我特別要指出的。

輓歌

發生了「殺死檢查官夫人事件」。這是很冰凍的冬天早晨，發生於北海道札幌市內檢查官官舍的事情。

他們是新婚。先生的檢查官，當天上午如常上班，馬上開始工作。

不久，官舍附近的郵局來電話說，一個可疑的人，拿檢查官名義的存款簿和印鑑，要求把一切存款領出來。

吃驚的檢查官，要他們把這個人逮住，並趕往郵局。但得知被發覺的這個人，掙開郵局職員的手跑掉了。檢查官遂回家。

他發現新婚的夫人，被勒死在那裡。警察當局雖然盡了最大的努力搜查過，但終未抓到犯人，此案不了了之。

世上有「犯人會回來現場」的格言。朝氣十足的年輕檢查官相信這句格言，而決心親自逮捕這個犯人，未告訴警察，自己每天晚上埋伏在現場附近。此時，特搜本部也有同樣想法的刑警，也每天晚上到現場。

互相以為對方是「犯人」，而兩個人竟扭在一起，力氣比較大的刑警把檢查官壓住，並帶到特搜本部。

幾年之後，某電視公司以這個事件為題材製作了戲劇。劇情完全不提出現於郵局的犯人，而把先生當作犯人來製作。其內容是：檢查官早就想殺妻。當天，一上班他便開始審問嫌犯。他乘機留下嫌犯一個人於審問室，偷偷外出，趕回家把太太殺掉。然後趕緊回來辦公室，若無其事地繼續審問疑犯。換句話說，它以「審問疑犯」，作為不在現場的證據的工具。

但檢查官審問嫌犯，是經常與檢查事務官一起的，絕不會令嫌犯一個人留在審問室，所以這個戲劇實在太粗製亂造了。

這個事件發生沒多久的一九五七年四月，我赴任札幌。這座官舍，因為有人說會鬧鬼，因此沒人肯住。

不知何故，管理員看我是個單身漢，而以致送三瓶拔除不祥的清酒為條件，要我搬進去住。我立刻同意，既沒有鬧鬼，犯人也沒有回來，更沒有送我酒。

當時，原田康子的《輓歌》（小說書名—譯者）極受歡迎，成為最暢銷書。

我是因嚮往看了大人的戀情而傷心的少女彷徨於寒冷的原野的背影，只是因為這個理由，志願北海道，而到此地來。

四月，污髒的殘雪，很低的天空，縮著脖子走路的人們，天天鬱悶。

五月，大地初醒，草花開，鳥叫。

時過境遷，我又來到此地。我望著未來。

「老人監獄」

這個竊盜慣犯年齡已經超過六十歲了。

他從年輕時候就專門幹這一行，前科達二十犯。他在監獄裡過了他人生的大半，出出入入於監獄。

有一位女性前來面會辦他案件的檢查官。她五十歲左右，有些白頭髮，好像對生活精疲力竭的樣子。她的目的是要來保他回去，即來請求釋放。

這個女性在都市郊外的一家小酒館打雜。有一天晚上，他出現於這家小酒館。醉客與打雜女人接觸幾次之後，變成男女的關係。漂流在波浪中的兩片枯葉自然纏在一起，兩個人開始同居。「愛」這個字眼，對他們並不相稱。他們兩個人是互相照拂，相依為命。兩個人都是天涯孤獨，無親無戚。男的有生以來首次流汗工作，賺的錢交給女的。但本性難移，還是會偷。人的業障，可真深。

聽到男的為女的生日送了便宜的圍巾，檢查官很是感動，幾乎流下眼淚。年紀一大把的犯人體貼別人，努力工作。這是女性的愛情所使然。這是多麼美好的一件事。

檢查官邊期望兩個人的幸福，請某善心人士協助以後的監督，釋放了這個人。

不久，檢查官調了職。該善心人士每年向檢查官報告一、兩次說，這兩個人很努力過日子。有一次，檢查官收到並不怎樣的禮物。看到送的是這個人時，檢查官流下了眼淚。他想起了遙遠當地、當時的那一對情侶。犯罪者之中，六十歲以上者所占的百分比，一九六六年是一．九％，但迨至一九九二年竟增加到四．四％。現在（一九九二年－譯者），監獄有四個八十歲以上的高齡者，其中有無期徒刑。最高齡者是八十四歲。七十多歲者二百七十六人，六十多歲的一千八百八十七人。

本來，為年輕人而造的監獄，這樣多的老人前來「報到」，對監獄當局而言，是很頭痛的一件事。是不是可以令老年人與年輕人做同樣的刑務勞動？要改造心身已經固定的老人，應該施予怎樣的教育？生病、癡呆是切實的問題，不能行動者該怎麼辦？真是困難重重。日本已有「少年監獄」、「婦女監獄」（監獄在日語是刑務所，例如少年刑務所等等－譯者）。所以現在恐怕需要設立「老人監獄」。

慣犯的重新作人，非常困難。愈高齡，愈不容易。人、錢、物皆不足。但檢查官認為最重要的還是「人類愛」，對人的愛。

盛夏夜裡的慘劇

陽光在海面照得很耀眼。坡度小小的梯田通到海，遍地是木芙蓉。小山斜面有幾家農戶。在其中的一家，盛夏的夜裡發生了一樁慘劇。

這個慘痛的事件，埋在土中好幾個月。把它挖出來的是副檢查官N。他出生於大都市。他喜歡在南海釣釣魚，而志願到這個地方服務。

有天晚上，附近的年輕人聚在一家農戶舉行酒宴。喝醉酒，打起架來，有人受傷，就是這種事件。

這家農戶，有老父母、長子夫妻和單身的三個弟弟。是普通農村的一家族。惟三男不見了。幾個月以前就行方不明。家人都異口同聲說：突然離家出走，不知道什麼原因。

但有點可疑，因一提到三男的事，他們便別特虛張聲勢，忽然戰戰兢兢。一定有問題。

不久，N得知其三男在兩三年前開始墮落，插足黑道社會，暗中偷用海洛英。

三男的失蹤，裡頭必定有文章，他的家人應該知道。N副檢查官花了好幾天工夫，把其家人一個一個傳詢，要他們把其所知道的統統說出來。

有一天，母親突然哭起來，說出了真相。三男是海洛英中毒者。現款自不必說，凡是能換錢的，什麼都要拿走。打藥之後就亂來，恐嚇要錢。旋即家裡變成地獄。弟兄們說只有把他殺掉，父母也同意了。

盛夏夜裡，三男胡鬧累了睡著之後，兄弟們便將其殺掉，把屍體埋在田地。事件是這樣發生的。

遂進行搜查，挖出來的屍體已成白骨，全家人以殺人被逮捕。真是受不了的事件。不過據說，當時，三男表示：「對不起，我錯了，我不會怨恨任何人，趕快幹掉我。」

因此，他們覺得有些安慰。父母和兄弟們都非常感激N副檢查官給他們說真話的機會。

把屍體埋在地下，不能給他作佛事，對他們在心理上是何等的重擔。遂由親戚舉行葬禮，立了墓。

於是全家人卸了重擔，以很輕鬆的心情，認罪服了刑。對N副檢查官來說，這個事件是終身難忘的。得悉他奉命調職要離開這個地方的許多罪犯家的親戚和村民，到地檢處去向他致意。

以為有問題的直感力，探求疑問的毅力，絕不死心的執著，站在對方立場來設想，凡此都是搜查的基本。

我認為，誠心誠意細心處理發生於市井之一隅的每一個事件，是維護社會安寧的基礎。

與老鬥士的重逢

一見面，彼此視線相交時，檢查官便知道他是誰。這個邂逅，簡直令人不可思議。對方也同時認出了檢查官。他滿面驚愕之狀。

這是在加拿大東部，屬於法語圈的大都會晚上。滿街道全是濃霧。在這裡召開國際會議，該檢查官為日本政府代表團的一員，而來到此地。

當天夜晚在街上散步時，檢查官看到了一家小電器店。生意蠻不錯的樣子，一個像是經營者的日本人，很活潑地招呼著客人。那張臉蠻熟，所以檢查官很自然地進去了。認出他以後，檢查官有點驚訝。

這是十幾年前的事情。那是激進派的游擊鬥爭盛極的時代，犯人原則上不可能被逮捕。有時候，目擊者在現場，從許多的人頭中推測犯人，但此時除非有很詳細的自供和根據，不能起訴。

他們看準這一點，因此沉默到底。而他也是一直沉默的一個人。對於盤問，沒有任何

反應。甚至於眼睛也不動，有如能樂的面具。（能樂是日本的一種古典音樂劇—譯者）

審問者不能沉默。所以開始對犯人談國際情勢、政治、經濟、文學、歷史以及人生等等問題，但他的表情還是那樣。

至此漸漸對犯人也覺得很難得。對於以革命家自任，忠於自己信念的作風和志氣，檢查官在心裡不能不「佩服」。賭以生命，一心一意往自己目標勇往邁進的人，的確非常難得。

檢查官對他這樣表示以後，他的臉動了。從此以後，他的表情開始變成柔和，感覺彼此的心情相通。但他仍然繼續沉默。

拘留期滿當天晚上，不得已傳來他面告將予以釋放。結果他突然以很認真的態度開始自供、自白。對其本人固然是苦惱，但聽者很痛苦。

不過，在釋放之前那麼忠於自己信念的這個年輕人，為什麼肯自供呢？

「真的沒關係嗎？」檢查官問。

他還是繼續自供，結果被起訴和服了刑。

這個人正站在檢查官的面前。自供者是組織的出賣者。出獄之後，他棄國，來到異鄉，歷盡滄桑，好不容易開了一家小店。

檢查官趁此機會問他：「當時你為什麼要自供？」

他回答說：「被說非常難得，我看清了現實。那種事，真的值得拚命嗎？於是我的信念開始崩潰。您所說的那些話，現在我仍然記憶猶新。您的體貼和親切，終於戰勝了我。」

人心超越了意識型態，檢查官這樣想著。

穗積橋

這是在一個結婚喜宴上的故事。

新郎是新進氣銳的法官。在喜宴接近尾聲時，新郎的父親代表親屬致謝詞。父親是四國宇和島的人。他沒有說客套話而直截了當談了宇和島內辰野川上的「穗積橋」的來歷。

這座橋名來自明治時代名法學家穗積陳重。

穗積是四國宇和島藩的出身。明治初年以文部省（教育部）留學生身分留學英國和德國，專學法律。回國後出任東京帝國大學教授，教授民法。他起草「明治民法」，三十二歲時成為第一位日本法學博士。

穗積不僅是學者、教育家，而且歷任了貴族院議員、帝國學士院院長（相當於我國中央研究院院長—譯者）、樞密顧問者、樞密院議長等要職。

他去世於一九二六年，享年七十一，是明治法學界的泰斗，其足跡燦然光輝於青史。當時是從明治到大正之崇拜偉人和英雄，藩閥意識仍然很濃厚的時代。因此許多人要為出生宇和島的這位偉大學者立座銅像永誌他的榮譽。

對於熱心無比，一再懇求的鄉親們，穗積說：

「以銅像為同鄉萬人仰視，我倒以橋作大眾的橋樑為無上的光榮。」

他的意思是說，如果有錢立銅像，不如以這筆錢來做有益於民眾的事。

日後宇和島市接受了穗積的意思，在市內建造一座橋叫穗積橋，以顯彰他的遺德，以至今日。

在喜宴席上父親又說：

「今日，為各位祝福結婚的這個兒子，決心要走法律工作者的道路時，我便把他帶到穗積橋，腳踏此橋，對他說明橋的由來。作為法律工作者，我要他發願不求名利和富貴，在世人不知不覺中像這座橋，默默支撐社會，為人們努力工作，你應該有這種氣概。我只要求自己兒子這件事。」

會場充滿了感動。父親所說的一言一句，至今仍然在我耳中。就我來說，這位父親的背影，與前此在高棉犧牲的中田厚仁氏與高田明行警部補這兩位之父親的背影，重疊在一起。

最近，在德島縣土城町建造了故三木武夫氏（曾任首相）的銅像，現任大臣等許多政界人士參加了盛大的揭幕典禮。這是座高達幾公尺的堂堂銅像。其建造，是否三木氏的遺志，不知而知。

但這是不是很適合顯彰一向堅決主張清廉的政治，與金權腐敗勢力搏鬥一輩子的三木氏的遺德，與同樣四國的穗積橋的故事對比，實值得我們深思。

一個志願當作家的青年的墮落

他是所謂的「疏散兒」。

他們一家人疏散到我們這個鄉鎮，是戰爭結束前一年的事，當時，日本的戰敗已經顯而易見。

他們一家五口，是父母親和三個兒女。瘦瘦臉色很不好之典型的城市人的父親，經常笑咪咪而很親切的母親，常常跟著他屁股後面的弟弟和妹妹。

他被編入此地著名的初中。站在講台，他以清脆的東京口音做了自我介紹。談吐朗朗，清清楚楚，像個長於都會的高材生。

在那充滿狂氣的戰時中，他仍然擁有極其冷靜的頭腦。他說：「戰爭不久就會結束。我將回到東京，進東京帝大志願當作家。」他成績優秀，是個極其傑出的優等生。

他讀書的水平與我們完全不同。自稱文學青年的A，勉強可以跟他分庭抗禮。但他倆的關係是：他談論，A點著頭聽。

他們兩個人超然於我們這些平庸學生的圈外，形成他倆自己的世界。我們只有以畏敬之念看著他們兩個人的份！

戰爭結束之後，他們全家搬回東京去了。經過幾年，A拿他的信給我看。它說：

「父親因肺病去世，母親出去工作養一家人。我退學初中，準備到工廠去作工。生活雖苦，但我會奮鬥下去。文學的目標，我絕不放棄。我想改上夜間部，還是要考東大（東京大學的簡稱）。」

其情況雖然相當悲慘，但信的內容充滿希望，令人讀來很是感動。這是有關他的最後消息，以後再聽不到他的事情。

二十幾年之後，我為著撰寫判例評釋，查了有關強盜致傷事件的判決。

這是乘人不在家，進去正在偷金品的時候，家人回來了。慌忙逃跑時，掙開追過來的家人的手。家人偶然跌倒負大傷的事件。這叫做事後強盜，視同刑法上的強盜。

這個犯人有空宅竊盜的前科，因此次事件被判七年有期徒刑。在閱卷的過程中，我得知這個犯人的名字和年齡跟他完全一樣。究竟是不是他？

犯人還在服刑中，一查就可以知道是不是同一個人。我首先告訴A這件事。A給我回信說：「他這種名字多的是。我想一定不是他。」

我很能夠瞭解A的心情，因此我沒有詢問監獄。

日後與A見面時，A若無其事地說：

「這種事怎麼可以算是強盜。這個刑法有問題。」

我們兩個人的腦海裡，浮現了他過去那種精神勃勃的英姿。A的眼睛好像有眼淚，是不是因為我的感覺所使然。

北國的酒吧

幾位年輕的檢查官在一起喝酒。這是北海道最北部的都市。在普普通通的酒吧的一角。

對面位子的服務小姐我好像在什麼地方見過她。不知道在哪裡。她大概很在意。故低著頭。長頭髮完全遮住了她白色的臉。因此顯得更加漂亮。

酒席熱鬧起來後，不知不覺之中她來坐在我旁邊。

她稍微抬著頭，說聲「噓！」用手指蓋著嘴唇。

檢查官吃驚說出：「妳是妳是……」這種意思不明的話，然後再也說不出話來。

她是幾個月以前，因借支詐欺罪嫌被判緩刑的女性。手腕好的服務生，酒吧都競相要以服裝費、契約金等挖走。

一開始就計畫向對方借支，工作二、三日就跑掉。這種女人大都有黑道情夫。騙取來的錢交給情夫，女人則再行借支詐欺。

她心平氣和地說：「對不起。我有我的種種困難。請不要告訴店裡」，並合掌。

在法庭，她流著眼淚，發誓要重新作人。她父母也作證說，要把她帶回家好好管教。那時候的眼淚、作證都是假的。我真是不懂世故的迷糊傢伙！

「好吧，沒辦法。但這次要好好地幹。」

無心喝酒。

下一次到那家店時，她已經不在了。請老闆來若無其事地問其理由。他說，借她不少錢。她只工作一、二星期。簡直是請我這個檢查官確認了現行犯。我只有默默地喝酒。

今天晚上坐在我旁邊的服務生，始終是無精打采，一句話也不說。氣氛極暗澹。我鼓起勇氣問她：這樣作是不是對客人不禮貌，並問她何故。

她回答說，再過幾天，她將到北方五十公里，真正最北方的小鎮去工作。

就檢查官而言，這裡是最北端。經常是黑漆漆的天空。髒兮兮的殘雪和矮矮的房子，萎靡不振默默走路的人們，她要到從這個最北端更北的地方。我不由地覺得她好可憐。

我盡量鼓勵她。她似乎感動了，故漸漸開朗起來。

「謝謝。我會盡一切努力。如果不喜歡那個地方，我會馬上跑回來。」

在笑臉之中我看見了她無限的毅力。

說了半天，這不是借支詐欺嗎？如果不喜歡將賴帳跑掉。這在刑法上叫做「未必之故意」。但檢查官能做什麼呢？北國（北海道）的小姐們，希望妳們堅強活下去，我在心裡這樣大聲喊著。

值得驕傲的事

發生了「婦女暴行（強姦）殺人事件」。被害者是個職業婦女。她是從地方出來的，單身住公寓。她在房間被勒死。有抵抗過的跡象，強姦未遂。

桌子上有兩個杯子，可能是熟人的犯行，除此而外，沒有任何線索。

在搜查遲遲不進時，犯人來自首。

犯人是附近一家酒吧的茶房。是老闆陪他來自首的。晚上在現場的路上，走在前面的女性跌倒了。把她扶起來，一起走路時，發現他們都是地方的出身，自然彼此感覺很親切。一起到女性公寓，繼續聊天。生活於大都市的疏外感，似使他們更加親近。

男的自然地伸出了手，但出乎意外地，女的激烈抵抗，惡鬥一番之後，男的發現自己勒著女的脖子。

男的趕緊逃，但不知該如何是好。也無心作事。來店的客人，走在路上的，在他眼裡，好像都是刑警。被害者的苦痛的臉，常浮現於他的面前。

絞盡腦汁結果與老闆商量，老闆勸他自首。

「你應該有良心，而且警察也不是那麼笨。」

他終於自首。

透過這個事件，有許多事令人深思。

第一，要決定他為犯人，只有自供。沒有任何指紋或目擊者。如果不自首，這個案件只有不了了之。即使懷疑他也不能予以逮捕。

不少人批評偏重自由，大聲疾呼科學搜查的重要。但卻有許多想這樣做而無法這樣做的事件。

第二，他為什麼自首？

自首和自白是其本人的良心問題。如果只是從利害得失的層面來考量的話，不會有人自願做不利於自己的事情。

在日本，自白特別多。而在宗教意識強的歐美，自白反而少，這是很奇怪的現象。「良心的責備」這句話，雖然有點陳舊，但在今日日本的社會，還是相當根深蒂固的。

第三是警察得到人民的信賴。

我認為，老闆的警察觀是一般日本人的看法。他的意見無形中表明了對警察的信賴。所以他不想隱藏其用人或給他錢逍遙法外。

附近的人民時在派出所集會，老人有空就到派出所喝茶，婦女到派出所幫他們插花。這是日本的光景。警察與人民自然融為一體。

統計數字說明了日本治安之良好。一九八九年的強盜犯罪率（人口每十萬的件數），日本為一・三，美國為二三三・〇，英國是六五・八，法國為九四・六，差得很遠。

東京可以說是晚上一個人可以放心外出的，各先進各國中唯一的首都。

治安跟空氣一樣。污染才會覺得可貴。好的我們要珍惜，並傳給我們的子孫。

「突擊檢查」

一九九一年十二月十二日，我被任命為北海道札幌高等檢查廳檢查長，前往札幌上任。

檢查廳以最高檢查廳為首，全國分成八個高等檢查廳（東京、大阪、名古屋、廣島、福岡、仙台、札幌和高松），五十個地方檢查廳，四個五十二個區檢查廳，構成一個金字塔形的組織體，與最高裁判所、高等裁判所、地方裁判所和簡易裁判所相對應。

檢查官，分為檢查總長、檢查次長、檢查長、檢查、副檢查的五級（檢查在日語為檢事，譯者將檢事譯成檢查，所以檢查長就是檢事長的意思。）

高檢處的首長叫做「檢事長」。地檢處的首長稱為「檢事正」，故「檢事正」不是檢查官的階級。

「檢查總長、檢查次長、檢查長」為「認證官」，其任命要由天皇認證。國務大臣、最高法院推事、高等法院院長、大使、宮內廳長官、公正取引（交易）委員會委員長等皆屬認證官。

被任命的檢查長，便要在皇宮正殿「松間」舉行認證儀式。由法務大臣侍立，天皇講話並賜予親自簽名及蓋著御璽的「官記」（派令）。這是極其莊嚴的片刻，平常不會緊張的我，也有些緊張。

如此這般，該年年底，我抵達了遍地是雪的千歲機場。札幌是三十多年前，我首次開始檢查官工作之地。在這極好的天地我過了美好的日子。

首次所辦案件的魅力，讓我著迷。假日我都沒休息，埋頭苦幹，此時我認識了在這大地上努力於求生存的各種各樣的人。

此時，一個年輕的女性被送來地檢處。嫌疑是賣淫。警察當局每月總要「突擊檢查」街上的妓女一、兩次。情夫便來繳納罰款把女人帶回去。不能繳罰款者則被扣留。

每次這樣循環，我覺得這對她們的更生毫無幫助。而這個女性也是街娼之一。雖然其氣氛有點黯淡，但長得很聰明的樣子，蠻漂亮的。

她沒有情夫。她說她為著養活抱病在家鄉的母親和幼小的弟弟妹妹才幹這一行。將來很想開店，她要認真努力。她說她把賺的錢藏在公寓的某個地方。如果釋放她，她一定會來繳罰款。

她說話非常認真，好像不是在撒謊。

我決定與她打賭，互勾小指後釋放了她。

大約一個小時後，她喘著氣，滿頭大汗地跑回來了。握緊在她手掌上的鈔票，也有汗水。

爾後，她的情況不知道怎麼樣？相信她一定過著很幸福的日子。

〈若杉裁判長〉

菊池寬（譯注）有一篇〈若杉裁判長〉的作品。

若杉裁判長是位很忠厚的人。

由於這種原因，所以他的判決都非常寬大。不但判得很輕，而且盡量要給予緩刑。

他是心腸很軟的法官，因此得知他是審判者的被告，都會鬆一大口氣。

為顯示這個法官的寬大，菊池寬甚至於說判五年有期徒刑的重刑時，也予以緩刑。但在當時，能緩刑的有期徒刑二年以下，所以這顯然是菊池寬的誤解。菊池寬被法學界指出這一點以後，據說他覺得非常不好意思，因而從此以後把《六法全書》擺在身邊。

有一天晚上，小偷進去了這個若杉裁判長自宅。

沒有遭遇過犯罪的人，是不可能瞭解犯罪者之可怕的。

幼兒痙攣發作，每天晚上哭叫，產褥的夫人嚇得生病，幾乎喪命。因此若杉開始憎恨犯罪者。

他的判決，以此日為界，秋霜烈日，極為嚴厲。

某地，有一個以比若杉裁判長更寬大而馳名的法官。他的信念是：刑以輕為貴，犯人的更生始於輕刑。

這個法官的住宅，沒人在家時被小偷偷了好多金錢和貴重物品。法官對於前來慰問的檢查官，怨嘆自己運氣不佳，大罵犯人，並表示，對這種犯人只有課重罰，別無他途。

檢查官突然想起「若杉裁判長」，而以半安慰他的心情說了若杉裁判長的事。聽著檢查官說話的法官，忽然恢復平靜。而很認真地思考檢查官所說的含意。他以為檢查官提起「若杉裁判長」，是要他作為反省的材料。

「真是不好意思。正如你所說，法官不能以個人經驗或感情來審判犯人。若杉裁判長的確是個反面教師。我絕不這樣裁判。」

從此以後，他的判決，比從前更輕。尤其對於乘人不在家進去竊取的小偷。但判決之後，他卻要令這個小偷站在那裡，好好地大訓小偷一頓。

乘人不在家進去偷，是如何傷害被害者的心，一點點聲音就害怕，晚上也不能入睡，懼怕被偷而不敢出門，要回家時候的恐怖感之大等等，他的訓話，拖泥帶水延續不斷。

此時，被告便縮著脖子，平身低頭，很想鑽進地下。

日後，這些人抱怨說：「雖然獲判稍微輕一點，但這樣被訓一大頓，實在划不來。比我們壞的，多的是」。

這些傢伙真是不可救藥，但我能瞭解他們的心情。

（譯注）關於菊池寬，請參看拙譯《日本的作家與作品》（水牛出版社），〈菊池寬及其作品〉一文。

政治資金

一千八百五十七億日圓，到底是多還是少？這個金額是自治省（相當於我國內政部──譯者）管轄四千三百零五個政治團體之一九九一年的收入。

這是一個料亭的女老闆掌控幾千億日圓，名不見經傳的企業負債幾兆日圓倒閉的時代。因此，或許有人會認為兩仟億太少，對政治可以用更多的錢。

另外有人主張，政治是憂國之士投下個人財產，或自甘清貧為實現其政治理想而奔走者，這樣「金錢污染」的現況簡直是瘋狂，對政治資金的流程，應該加倍嚴格管制。

日本是「經濟大國」、「生活大國」的同時，也是「政治資金大國」。單以公開發表的，每一個國民的政治資金的負擔率，在先進國家中已經排名第一。而且，沒有人相信，一千八百五十七億日圓是中央政界的一切政治資金。大家都認為其數目，應該是發表的幾倍甚至於幾十倍。洛克裴德飛機事件、瑞克魯特事件、共和事件、佐川事件，此次的綜合營造廠事件乃是其典型。

很是不幸。不信賴政治的根源，實在於此。

擁有幾個事務所，雇用數人秘書、事務員、司機，一個月就得花上幾千萬日圓。加上派閥、政黨的費用，政治活動所需要的錢是無止境的。

有人說，政界是「一兆日圓」的巨大金錢市場。為什麼需要那麼多的錢，我認為應該公開其實際情況。其中，或許有真正必須的錢。攻擊政治的腐敗，抨擊墮落是很容易的。有人認為只要「乾淨」政治就會好，但事情不是那麼簡單。

不面對「政治需要金錢」的現實，只講究表面，嚴格限制捐款，則金錢必定流於「黑市」，逃避稅務當局之課稅。

既然是為政治活動必須的金錢，應該堂堂正正地籌措，在眾人環視之下使用。因為欲隱藏，大家才會懷疑、不相信。我們應該早日改正政治捐款即是不乾淨金錢的看法。

「政治資金」與「賄賂」是完全不同的概念。

重要的是，政治資金收支百分之百的「透明度」。一切清清楚楚，至少國民認為確是這樣，這是恢復國民信賴政治的原點。

大家都覺得在另外一個世界，有龐大數目的金錢在滾動，所以會認為被發覺者是倒霉，而寄以同情。這是日本獨特的心態。漏稅、違反選舉法、違反交通、亂丟垃圾，都是同樣的問題。即使有很好的法律，很重的罰規，大家還是不大留意。

法律並不規範森羅萬象的一切。它只是設立最低限度的必要規則而已，而且有罰規只是其中的一小部分。連這一小部分的規則都不遵守，或不想遵守者，嚴辦是理所當然的。

死刑該不該廢止

對判決死刑要退出法院的法官背後，從旁聽席有人大罵「殺人犯」。

這個聲音給該法官很大的衝擊，因此據說這位頗為馳名的法官退休以後便參與廢止死刑的運動。

法官說：

「情況證據相當齊全，最低限度能夠取得超過合理疑問程度的心證」時，對此事件的判決一定是有罪。不管由誰來審判，結論是一樣的，但他接著又說：

「是不是絕對正確，還是有點不安」。

「有點不安」是什麼？

如果還「有點不安」，應該多花些時間去調查，消除此種不安，以毫無不安的心情去判決才對。

如果有相當的「不安」，更沒有話說，則必須繼續審理。抱著「不安」去判決，被告既受不了，被害者的靈魂也將永遠不能翻身。

在獲得結果的過程中，法官應該「煩惱到底」。但一旦到要下結論時，他的心境該是如「明鏡止水」。

死刑廢止論，如果這麼單純，那就有問題。

作家菊池寬，對死刑作過正面的挑戰。〈一個抗議書〉這篇作品便是。

過著和平日子的夫婦，被強盜勒死。夫婦忍耐一切痛苦，對犯人抱著無限的怨恨死去。憎恨人的靈魂要下地獄，遭業火燒。

在另一方面，犯人被逮捕後被判死刑。他在監獄裡歸依宗教，後悔前非，再三懺悔，靈魂受到洗滌，終於被神召去。

如此這般，「犯人上了天堂，被害者下了地獄，正義何在？」當然這是菊池寬的諷刺。但這部作品對於往往立於感傷論和觀念論的死刑廢止論，提出了事實的壓倒力量。

在今日世界，有四十七個國家廢止了死刑，有些國家即使判死刑，事實上並不執行。這似乎是世界的潮流。理想的社會，似非極遠。但現實社會還是無情的。

最近，曾經發生過幾個人襲擊毫無罪咎的夫婦，將其脫光衣服綁起來，丟進洞裡，為要使其身體早點成為白骨，活生生潑以鹽酸。對正在痛苦的兩個人用鑵子予以刺死，且姦淫其妻屍體之殘忍至極的事件。

人到底能夠殘忍到何種程度？

我很羨慕對因兇惡犯罪被悽慘殺死的靈魂或其遺族，敢說「請予以饒恕」者的勇氣。不過，非處以死刑，不能使被害者的遺族、社會和「正義」都能接受的兇惡殘忍的殺人事件大為減少，是件好事。二次大戰以後迄今，在日本，死刑犯一共有六百九十一人。從前，判死刑的，一年有三十人左右，現在只有幾個人。但願此種事件早日絕跡，沒有被判死刑的，甚至於廢止死刑制度。

證券交易法的修正

「最高檢查廳」，簡稱最高檢的刑事部長室，係位於東京霞關的一隅，二十層樓的檢查廳綜合辦公大樓的頂樓。

從這個房間所看出去的外景，非常漂亮。日比谷公園濃淡的鮮綠，由林立的大廈中，可以看到東京灣。

最高檢統轄全國的檢查廳，以檢查官總長為首，一共大約二十名檢查官在工作。他們都是曾任東京地檢特別搜查部長、各地檢的主任檢查官或法務省局長的老手。

他們每天從下午三時起舉行午茶會。大約十個人聚首於二十樓的談話堂，大家互相交換意見。當天的話題是「證券取引（交易）法的修改」。

經過此次修改，保證損失、補償損失將是犯罪，對於證券公司和要求這樣做的顧問都將予以處罰。

大家都離開自己立場，很輕鬆地表示其意見，但自然而然地都要問經濟專家的檢查官。

「對自由經濟之『大本營』的兜町（證券公司幾乎全部集中在此—譯者），要引進統制之象徵的經濟罰規，是否開歷史的倒車。」

對此他斷然回答說：「這是歷史的必然。經濟一直是在自由與統制之間搖擺，如果太過自由，統制便要出面。」

以理論馳名的檢查官問：「強制要求補償損失的顧客是恐嚇罪，那麼補償損失的證券公司內部，是不是要處以刑法上的瀆職罪？」

對此經濟專家的檢查官勉強這樣回答：「一般來說，營業部門的負責人如果為了自己的成績，忽視公司的方針或標準，隨意補償的話，應該有罪。如果以留住顧客對公司有益所作的話，瀆職罪恐難成立。」

理論家檢查官又問說：「罰款是不是太輕？」

「罰款是刑罰，不是行政上的課徵金。有關當局檢舉公司的有關人員，從嚴調查。如果起訴，總經理將被傳到公開的法庭。如果被處有罪，將為前科。這是『刑罰的感銘力』。如果這樣還不足，應該判處等於公司之死刑或有期徒刑的吊銷其執照或命令其停止業務」。

下來，話題轉到「日本版SEC（美國證券交易委員會）」。對歐美司法制度有特別研究的檢查官成為主角。

「如果要將SEC般的機構引進日本，得賦予充足的人員、權限和預算，否則不會有效果。與此同時，如果保存目前的執照或檢查制度，另外設立的機關，恐怕會發生許多問題」。

議論紛紛，資格最深的檢查官作結論說：

「當局對經濟交易的介入，令人想起二次大戰期間的經濟統制。證券業界的自制和健全的判斷力最重要。刑罰是傳家的寶刀，是最後的措施。」

該日的午茶會，到此為止。

傳訊證人

因「共和事件」，前總務廳長官鹽崎潤和前首相鈴木善幸，分別以證人和參考人被國會傳訊。關於「傳訊證人」和「聽取參考人意見」，現在我們從純學術觀點，來談它的法律問題。

鹽崎、鈴木二氏，皆被懷疑曾收取現金而追究其責任。對於這種人，究竟可以令其為證人嗎？

所謂證人，根本不是問題的當事者，亦即不是被追究法律責任的對象。證人應該是協助調查國政的第三者。

如果看看刑事裁判，事情更加明白。被審判的是被告，被告以外的被害者、目擊者是證人。

對被告要給予充分解釋的機會，但解釋不解釋是他（她）的自由，不能予以強制。日本憲法保障「任何人都擁有不被迫不利於自己口供」的權利。

在國會的所謂「疑惑」，多是特定的議員，是否接受了社會一般觀念上會懷疑的金錢，和怎樣使用了這些金錢。這種時候，必要時，傳訊有關證人要其作證，最後予本人以解釋的機會，以弄個水落石出，仍是現代審問程序的大原則。突然傳訊被懷疑的本人作證人，令其宣誓，在偽證罪的制裁之下，強制其作證，實在大有問題。

憲法的精神，此種時候也應該受到尊重。欲從被懷疑的人的嘴，強制其吐出口供，實在大有疑問。

此次，鹽崎是「證人」，鈴木為「參考人」，這種區別從哪裡來呢？從議院規則規定「聽取參考人之意見」看來，關於事實的供述是證人，基於知識經驗陳述意見為參考人。由疑惑的深淺或與其根本是否有關來區別證人和參考人，到底合不合理？這兩者都是調查國政的協力者，可是社會上卻有「證人是壞的」這種形像，實在沒有道理。

最後，對於所謂「政治上、道義上的責任」，我想表示一點意見。老實說，從法律的觀點來看，這句話的內涵並不清楚。人們可能以議員因違反競選諾言的行動而所產生的責任為政治上的責任，但在日本的法制，「議院」並沒有調查國政的名目追究每位議員之政治責任的架構。這是透過選舉，應由選民來做的工作。雖然效率不高，但民主政治本來就是需要時間的。

尤其是所謂道義上的責任，更是模糊不清。在這樣模糊不清的情況之下，怎麼能追究人的不正義或不道德？

我認為，必須先行明確介定什麼是「疑惑」，然後對於被懷疑違反者，遵循尊重保障人權而嚴格的程序來審問才對。

公司的罪、個人的罪

在談話室的午茶時間，今天又有比較活潑的討論。話題是「獨禁法違反事件」。人們大多質問曾經被派往公正取引（交易）委員會工作的這位檢查官。

「這是自石油黑市卡迭爾事件以來，第一次的違反獨禁法（獨占禁止法）事件的檢舉。據說，就業務用伸縮性軟片，業界八家公司訂有卡迭爾價格。若是，為什麼禁止卡迭爾價格，違反算是犯罪？」

大家從獨占禁止法的基本談起。

「因為在自由社會，一般消費者具有以自由而公正競爭所形成的價格購買商品的權利。如果有價格協定，這種權利將被侵害，從而蒙受不當的損害。」

有人問：

「我國是溝通的社會。在一切領域，都有妥協、商議和協調。與契約社會的歐美根本不同。故要引進美國的獨禁法是否不適宜？」

他明確地回答：「從日本在世界經濟的地位和所扮演的角色來說，此種想法是說不過去的。」

又有人問：

「徹底地自由競爭下去，其價格將無止境地下降，由此許多企業不是將賠錢、倒閉了嗎？」

「但不能這樣講。大部分的企業，為了以更低的價格提供更好的商品，而在作最大的努力。這是自由經濟的基本。」

於是曾經留美的檢查官說明了美國的現況：

「在美國，這是司法省托辣斯局的工作。一年的檢舉大約有八十件。罰規，個人是有期徒刑三年，罰款三十五萬美元，公司是一千萬美元，相當重。同時，卡迭爾的損失賠償訴訟也很盛行。」

現在話題又回到日本。

「比諸美國，日本獨禁法的罰規是否太輕？根據現行法，個人是三年以下有期徒刑或五百萬日圓（大約五萬美元—譯者）以下罰款，公司為一億日圓以下的罰款。對公司的罰款，上次才提高呢！」

理論家的檢查官接著說：

「的確太輕。對於大企業的罰款，有人認為十億日圓還不算多。但對公司的罰款，因為要從所得支出，所以最後的負擔者是股東。對有過違反行為的公司幹部，無關痛癢。因此單純地提高對公司的罰款，不是很好的辦法。」

最後，最資深的檢查官以很嚴肅的表情說：

「我也同感。卡迭爾是公司之間所訂的，上層者不可能不知道。擔任的董事，除非能夠證明他與違法行為毫無關係，應該是有罪。或者可以考慮引進命令該公司停止業務一定期間的制裁。」

淺間山莊事件以後二十年

「淺間山莊事件」發生於一九七二年二月十九日，已經有二十多年了。

自稱聯合赤軍的五個年輕人，挾持人質固守山莊，對警察隊伍開了槍。這種對立連續了十天。

這五個人被逮捕了，但警察也犧牲了兩位。他們或許實踐了毛澤東「槍桿子出政權」的理論，但這事件到底是怎麼一回事呢？

歲月，無論對於亂開槍的，還是犧牲者的遺族，同樣流逝。

某雜誌報導了其中的一個年輕人鹽見孝也站在現場，回憶著往事的照片。從那瘋狂的世界保全其生命的他說：「那場鬥爭還沒結束」。當然在他心目中，完全沒有在那毫無意義的暴亂中去世的人們。

我認識在戰場捐軀的這兩位勇士。一位是在生前；一位是在他死後。

我認為，為他倆撰寫鎮魂曲是這二十年來過著和平日子的我的義務。

T先生是警部（譯注一），特科車輛隊中隊長。事件的幾年前，為搜查的實地訓練，他曾被派到檢查廳，與我在同一房間生活過幾天。

他豪放磊落，氣勢衝天，是位具有古老氣質的警察。雖然如此，他卻非常親切，心地很好的人。

他對串街賣唱的藝人恐嚇要「保護費」的黑道事件大發雷霆，對為養活幼兒而順手牽羊的寡婦竊盜事件掉下眼淚。

升任分局搜查課長以後，一有問題便來徵求我的意見。

他的開場白一定這樣說：「檢查官先生好不好，情況如何？」

幾年以後發生淺間山莊事件時，我們瞪著電視。電視突然報導他的死亡，畫面出現了他的相片。我一直不聲不響地注視著電視。

彷彿在電視中，他以笑臉對我說：「檢查官先生好不好，情況如何？」

U先生是警視，為機動隊長。我跟他不認識。

這個事件經過大約十年，一位年輕的檢查官帶來女朋友，要我做他們的媒人，很漂亮的小姐，而她就是U先生的次女。

在與U先生一家人的談話中，我沒聽過一言半句怨嘆先生或父親之死，或是懷恨犯人的話。

作家芥川龍之介（譯注二）描寫失去最愛之公子的婦女，在淡淡地談著其公子去世時候的情形。但在實際上，這個婦女握緊手帕幾乎要把它撕碎。

日本婦女的「謙恭和禮貌」實顯現在這裡。

婚禮極其盛大，許多警察界的人都參加。但在喜宴上，沒有一個人批評犯人或惋惜U先生。他們只若無其事提到U先生死得其所。日本武士的「謙恭和勇敢」顯現在這裡。

（譯注一）日本警察的階級，分成警視總監、警視監、警視長、警視正、警視、警部、警部補、巡查部長、巡查九個階段。

（譯注二）關於芥川龍之介，請參看拙譯《芥川獎與芥川龍之介》一書，此書由水牛出版社出版。

比例代表制

許多人認為，理想的選舉制度是比例代表制，民主主義的起點為比例代表制。果真如此嗎？

不錯，比例代表制是能夠原封不動地將主權者國民的意思反映於國會的議席。它能實現算術式的民主主義。

比例代表制已經用於日本參議院。在一九九二年的比例代表區選舉，自民黨獲得三三％（十九議席）、社會黨十八％（十）、公明黨一四％（八）、日本新黨八％（四）、共產黨八％（四）、民社黨五％（三）、體育平和黨三％（一）、二院俱樂部三％（一），國民對各政黨支持的比率，似很正確地反映於各黨的議席。

比例代表制實行於歐洲的主要國家。

小選舉區比例代表制：德國、匈牙利、布加利亞。

非拘束名簿式比例代表制：義大利、荷蘭、丹麥、比利時、芬蘭、奧地利、挪威。

自由名簿式比例代表制：瑞士、瑞典。

絕對拘束名簿比例代表制：西班牙。

為此，日本也正在討論採用這個制度。

但既然是人想出來的制度，自不可能是絕對而完全的。任何制度必有其正面和負面，而依強調其那一個層面，它可以成為天堂或地獄。

關於比例代表制的優點，我不再重覆，現在只舉出它的缺點。

第一，這個制度以政黨政治為大前提。換句話說，是以政治為職業的人形成集團，以集體的力量作後盾從事政治的制度。

個人埋沒於集團之中。即使個人在國會擁有議席，欲將其想法反映於國政，如果是無黨無派，則毫無用武之地。除非與現實妥協，參加某個集團，否則他無從貫徹其主張。個人隨社會大勢隨波逐流的政治就是比例代表制。

第二，能不能列在候選人名簿前矛是關鍵。因此，政黨的實力者必然握有生殺與奪之權。於是促成進一步的派閥化，候選人可以不顧選民，只顧忠於政黨的實力者。在乎選民，對選民負責任的政治將有名無實。

第三，選舉的輸贏不很明確，不容易瞭解民意在哪裡。為國政上的大問題問了主權者的意思，結果沒有輸贏的結論，殊屬可惜。

第四，將趨向小黨林立，政局不安定，與義大利一樣，政治會更腐敗。

第五，最重要的是，不能在選票上寫候選人的名字。寫名字，拜託投票者寫名字看起來好像是很單純的事，但這是選舉的生命。選舉者與競選者的連帶意識，因透過這種動作而形成。

外國和參議院都正在實行，不是理由。我覺得是不是要採用這個制度，實有慎重研究的必要。

真正的國際貢獻

在北海道札幌中央大通公園，有日本人與外國人的一對銅像。是一對威風堂堂的立像。日本人是北海道開拓長官、內閣總理大臣黑田清隆，外國人是開拓使顧問荷列斯・卡布隆。

卡布隆出身美國馬薩諸塞州，曾任美國農業部長，一八七一年八月二十一日首次踏上日本國土。他出生於一八〇四年，故當時已經六十多歲了。

這位老先生放棄其要職，越過太平洋遠赴東方不聞名的國家去協助邊疆的開發，其志氣之高，自可想像。

該年元月，黑田為著尋找指導開發北海道的有為人才前往美國。而其所以到美國找人才，可能認為北海道的氣候和風土與美國北部類似，加以當時美國人的拓荒精神相當旺盛所使然。

黑田訪問卡布隆部長於農業部，請他推薦人才，最後卡布隆本身決定辭掉部長，前往日本。這是不是三十多歲的黑田的熱誠，對老而彌堅的卡布隆的拓荒精神點上了火的結果？

現任的美國部長願意到極端缺乏資訊之國家的未開墾地參加開發，絕非尋常。迎接了卡布隆的明治政府，內大臣三条實美、外務卿岩倉具視等為他舉辦了盛大的歡迎宴會，明治天皇曾親自接見，賜予詔書。由此可知明治政府如何感激以及對卡布隆抱著何大期望。

就任顧問職時，卡布隆要求年薪一萬美金，旅費、伙食費、日本政府所要用之工人等的歲費、提供合乎其身分的宿舍、警備人員、工友下女的介紹，其所選用外國人助理之相當數目的薪金等等，日本政府全部答應了。

卡布隆的待遇，在當時的確是破格的待遇。卡布隆在北海道待了四年。

對於北海道的開墾，卡布隆的貢獻很大。老實說，今日北海道的基礎，係由他所建立。

紀念開道一百年，為他立銅像是沒話說的。

從今日看來北海道與卡布隆的關係，極有意義。當今很多人在討論開發中國家的援助與國際貢獻的問題。

當時的北海道，乃是今日的所謂開發中地區，否，是完全未開墾之地。它需要「錢、物和人」。

明治政府以「人」為最優先課題，因此由最高負責人專程到美國，以最高的待遇找回來了最好的人才。

以為出「錢」，弄「設施」就是援助，這個觀念是錯誤的。我們要知道：最重要的是開發中國家本身的熱情和自助的精神，加上適當的「人」，即擁有很高的權威，卓越的能力和不屈不撓之精神的人物，才能實現真正的國際貢獻。

天皇與檢查官

一九九二年十二月二十三日，天皇華誕宴會之儀，和次年一月一日新年祝賀之儀，我曾應邀出席。

在天皇、皇后陛下、皇太子殿下以及各皇族親臨之下舉行了儀式，並備有酒肴。這是極其莊嚴、風雅而嚴肅的儀式。

男性清一色著禮服，女性穿和服或洋服，華麗極了。

兩天皆為祝賀之儀；因此宮殿內非常熱鬧。但平常，日本宮殿的肅靜和簡僕，與絢爛豪華的歐洲王宮，成為強烈的對比。我國皇室之所以在國民間根深蒂固，可能在此。

檢查官，自明治以來，透過各種事件而與皇室有關係。

「大津事件」、「大逆事件」等等，而一九三五年的「天皇機關說事件」也是其中的一例。所謂天皇機關說，係由前東京都知事美濃部亮吉的父親，東京帝大教授美濃部達吉博士所主張，是憲法學上的一種學說。

美濃部學說，乃以德國之通說性見解的國家法人學說為其出發點。以國家為統治權的主體，天皇作為國家的機關行使其統治權。內閣、議會、法院、地方團體（政府）自不在話下，天皇也是國家的機關，大臣以下的官吏，甚至派出所的一個警員也都是機關。如果假設國家為法人，在理論上當然會達到此種結論。

總之，天皇機關說是純粹學問上的概念，由於美濃部博士之東京帝大教授的重要地位，成為當時最有力的學說，而領導了學界。

美濃部博士除貴族議員，有關政府審議會委員等等許多要職外，多年來也是高等文官考試（高考）的考試委員。當時的大學生，學了他的學說，理解之後考上高考，走上了菁英官員的道路。推事、檢查官，完全都是一樣。

對於美濃部學說，當時漸具勢力的國家主義者，曾經予以攻擊。理由是，以「機關」的語彙表達活神的天皇，更把天皇與警員同列。

這種說法容易入世俗之耳，輿論也支持他們。於是他們以不敬罪向檢查局控告美濃部博士。

法律家的檢查官，應該比誰都清楚天皇機關說不構成犯罪。因此對其控告，應當立刻予以不起訴處分才對。

但檢查官沒有這樣作。他們觀察輿論半年多之後，承認嫌疑，以撤回天皇機關學說和辭去公職為條件，才予美濃部博士以「緩起訴處分」。

他們無法套用不敬罪（對天皇的不恭敬—譯者），因而以擾亂公共安寧秩序的違反出版法處理，但此種解釋顯然是牽強附會。

檢查官之奉承權力，害怕時勢，怯懦莫此為甚。以此事件為開端，日本走向軍國主義，次年發生了二・二六事件。檢查官以及許多法律家始終站在旁觀者立場的罪是極重的。

竊聽搜查

前幾年，山梨縣警察局，根據法官所簽發的拘票，竊聽了專門使用於買賣海洛英的電話，從而逮捕了有關此案的幾個暴力集團的成員。憲法保障秘密通訊。在民主主義國家日本，竊聽電話或隨便拆開人家的信件，本來是不許可的。

但個人權利之非毫無限制，也是自明之理。犯罪之搜查，直接關係社會公共的安寧。過分的搜查固然應該受到譴責，但因懼怕失敗或批評，而致使搜查不積極是不可以的。

在犯罪橫行的社會，只高談闊論個人的自由和權利實無濟於事。在紐約、倫敦、巴黎、羅馬等歐美大都市的現況是如何呢？

犯罪予弱者、窮人、老人等更大的禍害。而保護這些人，是搜查機關責無旁貸的義務。

譬如誘拐小孩的犯人來電話要求贖金（以錢換人）。警察予以偷聽，逮捕犯人。這是當然的搜查行為，犯人自無要求保護其秘密通訊的權利。

即使家屬為小孩的生命安全，拒絕警察的介入，但警察不能因此就袖手旁觀。必要時，將不經家屬之同意，偷聽電話，以採取逮捕犯人的措施。我深信不會有人譴責警察的這種行為的。

為著搜查犯罪高度的必要性，迫切的緊急性，非代替性，沒有其他的過當方法，只有依靠竊聽電話等等條件時，我認為竊聽電話是許可的。

不容易檢舉的重大犯罪，不只是誘拐或海洛英事件。殺人、貪汙事件算不算？就被害者來說，竊盜也是重大事件。偷聽電話的必要性勢將無止境。

美國有一九六八年的「竊聽拘票法」，聯邦調查局等搜查當局，對於殺人、誘拐、暴力、間諜等重大犯罪，得根據法官的拘票從事竊聽。面對黑手黨的暗中活動，麻醉藥販賣者的橫行等大都市的犯罪情形，是有制訂此種法律的必要。

在日本是怎樣呢？當然美國和日本的治安情況不同。我覺得，日本人在本能上，對社會的安寧雖然認為有其必要，但卻討厭間諜、誘餌、密告、竊聽等出現於公開場面。

日本至今沒有正式的情報機關，理由在此。而這也說明了日本遠比美國和平與安定。

我們不能以美國的「竊聽法」為先例，而制訂此種法律。搜查機關如果失去廉潔、謙虛和公正，必將得不到國民的支持。我們要知道竊聽電話，只能是極有限範圍內的特別的搜查方法，世上有八分飽這句話。犯罪的搜查方法也應該有這種認識。

殘酷的犯罪

這真是非常殘酷的事件。

犯人雖然判了死刑，但對我來說實在無法忍受。活生生的事實，強烈無比。死刑制度是否該廢止的爭論，因此事件顯得空虛而暗淡無色。

犯人是三十多歲。生長於普通的家庭，天生懶惰，非常討厭工作。他離家出走，過著流浪生活，因而幹竊盜、強盜等勾當，前科累累。

這次一出去監獄大門，便作強盜。深更半夜，闖進郊外的一家民房。這時此家的太太、兒女出去旅行，只有四十來歲的先生一個人正在睡覺。

他拿刀子恐嚇先生，隨則把他綑綁起來，搜屋內各處，搶金錢等等。爾後，與一般的強盜不同，他去廚房拿來日本酒，悠悠哉哉地坐在那裡，享受邊喝酒邊欺侮先生的氣氛。

在服刑中，犯人染上極壞的習慣。他把先生的褲子脫掉，並利用其下半身的裸體滿足了他的性慾。

經過幾個小時以後，覺得無聊，便把先生勒死，把房子燒掉後才離開。

第二次闖進去的家，有一對年輕夫妻和兩個幼子。遂把這對夫妻綁起來，搜家時小孩哭了，便把小孩踩死。

在被綁著的先生面前，犯人玩弄和強姦了太太，太太拿菜刀欲砍犯人，但遂把她壓住。然後犯人到廚房拿來日本酒一邊取笑這對夫妻，並揍他們兩個人。最後犯人用棉被把這兩個人悶死。臨走時，跟上次一樣，對房屋放火之後才離去。

這是真正發生的事件。

裁判時，犯人對第二個事件，破口大罵被害者的太太。「因為太太用菜刀要砍我，所以我才殺他們。壞的是那個太太。她簡直是鬼。」

欺人莫此為甚。這是人事實上所犯的事件，我們要面對它。

其殘忍，真令人不敢相信。被害者所受恐怖、絕望和屈辱，實在無法以筆墨來形容。

這社會上，如果都是正經的普通人，當然不會有任何問題。不會受到良心的責備，而毫無恐懼地敢犯這種罪的人，雖然不多卻存在於我們的四周。這是無可否認的事實。有不少人主張廢止死刑。據說這是世界的潮流。但大多數的老百姓都知道：非科以死刑，無從根除這種犯罪。

可悲的是，人的業障無限地深。不知其悲哀而隨便主張要廢死刑者是幸福的人。

人生百態

社會上往往有萬事不順利的人。

這個人就是這樣。他在名門私立小學的入學考試抽籤沒抽到以後，開始了他一輩子倒霉的人生。爾後的考試，他都未能發揮實力，故初中、高中、大學都念了三流的學校。就職以後，說來也奇怪，公司都一家一家倒閉，一轉職，那家公司便愈來愈小，目前他在做挨戶推銷員。

他雖然結了婚，但兩個小孩卻身體病弱，幾乎不能上學。

有一次他在神社抽了籤，結果是「兇」。

最倒霉的是車禍。他開車，無法避開突然跑出來的小孩，小孩受大傷，他被起訴，而被請求幾千萬日圓的瞻養費。為此事，他被搞得精疲力盡，逐漸覺得活在社會上沒有什麼意義。因此婉轉地與太太商量，準備全家自殺，一切都聽先生的太太也同意了。

一家四口，開車前往「東北」去旅行。那是秋天，滿山全是紅葉。小孩高興得不得了。

深更半夜，為著連車猛墜谷底，開著山間之路。好不容易找到適當地點，把車子停下來，回頭看著家族的臉的時候，與好大噪音的同時，被飆車族圍住，被他們取笑，更被揩油。

他在心裡想：對於準備死的人還來這一套，但已經沒有此種氣勢，遂下山，來到海邊，小孩都已經睡著。於是下決心，從岸壁往海裡衝。

他以為萬事已去，閉著眼睛，但都沒海水進來。一看，竟是退潮時。

對於想死而又沒辦法死的自己，感覺很無奈。他太太也以這種眼神看著他。此時警察趕到，他告以實情。警察說全家人自殺是殺人罪，而予以逮捕。

年輕而看起來像高材生的檢查官，將其起訴。他的太太來面會，並表示希望跟他離婚。

審判時，這位年輕的檢查官，氣慨軒昂地在法庭說：「被告的行為完全是無思慮、無計劃、無是非，毫不值得同情的人。人的生命比地球還要重。雖然未遂，請予從嚴處罰」，並要求判處三年有期徒刑。

坐在正面的審判官，一一點頭，聽著檢查官的求刑。生活在燦爛陽光底下的這些人，到底能不能理解徘徊於淡暗人生小巷的落伍者的心情，實在不無疑問。律師保證說，一定會緩刑。

如果緩刑，獲得假釋，他想立刻趕往太太那裡，兩個人通力合作，重新出發。他認為，他已經落到谷底，從今以後，幸運的女神一定會祝福他。於是他的心裡充滿著希望。

那時，於審判長室，審判長有如教訓般地與陪席裁判官談話：「這種意思不堅定，吊兒郎當的人，需要給他嚴厲的處分。主張予以緩刑的你們的意見是不對的。」

副檢查官的「嗜好」

副檢查官K現年六十多歲，快要退休了。

他初中畢業後就進檢查廳當工友，沒多久升任檢查事務官。爾後很努力，於二十幾年前考上副檢查官的考試。

高個子，瘦瘦地，背樑很畢挺。有「謹言居士」的綽號，非常認真，毫無幽默。但他卻是辦公廳的「活辭典」，法令、規章、習慣，無所不通。職員和年輕檢查官，都以另眼相看。很親切地教他們，是K最大的樂趣。

當然不能「通融」。他墨守舊例，絕不越軌。

日本大約有兩千人的檢查官和副檢查官。如果每人各行其是，自不能保持秩序。官署有處理事件的標準和行情。K很珍惜它，並對後輩這樣指導。

有一次，K辦了順手牽羊的案件。嫌犯是三十代的女性。她在百貨公司偷了洋裝、裝飾品、化妝品等昂貴的東西。

她曾經犯過三次，都未起訴。這次不能原諒了。

警察的意見是：「毫無反省。因有小孩未予逮捕，惟因惡質，故應予起訴。」

她的小孩，一直在審問室跑來跑去。K對她把小孩帶到這種地方來很不以為然。她先生是煤礦工人，幾年前因坑內事故死亡。

女性拿出照片來。抱著嬰兒的年輕夫婦顯得很幸福。這可能是為了引起K的同情所做的動作。

她說，她沒有親人，有小孩不能工作，生活苦而才偷。K很討厭欲引起人家同情的這種說法。

對此K說，先生的災害補償金哪裡去了？為什麼不申請生活保護？不是有托兒所嗎？K的說法毫不留情。因此嫌犯低著頭，很想鑽進地下的樣子。

可是K卻若無其事地問小孩的年齡和生日，聽其回答之後，閉著眼睛，默默無言。

K下了重大的決心，沒有給她起訴，並拜託朋友替她找工作。

幾個月以後，K跟這個朋友在一家小酒館見面。

「謝謝給我們介紹那麼好的女性。對方也很高興。她很努力工作，不像有前科的人。」

「按照檢查署的標準，應予起訴。惟很偶然，她的小孩跟我的孫子同歲。生日也接近。孫子抱著許多禮品，興高采烈。反此社會奪取了那個小孩的父親，而並沒有給他什麼。他的生日，一定很寂寞。」

「我寬恕了這個母親，這是我對那個小孩的禮物，我雖然違背了檢查署的習慣，但我相信檢查署會原諒我：這是我四十年來誠心誠意工作的唯一一次的嗜好。」

很難得地K笑出聲音，店裡大家都聽得到。

女性的「責任」

這是很普通的賄賂事件。惟行賄的嫌犯是女性，所以有些特別而已。

她的先生經營一家小工廠，員工十人左右。他們兩人曾經是小工廠的同事，因而成為夫妻。

先生專心於工作，滿身全是油垢，是個典型的老實人。因此，外邊的工作全由太太一手包辦。

有一次，發生了非拜託官廳幫忙不能解決的問題。因得到一位官員的熱心協助，她自動送了一個不小的紅包。此事成為事件，因此這個官員和她被逮捕。

對於檢查官的盤問，她坦誠地承認了罪，一切都是她做的，先生與此事完全無關。先生也這樣供述。

但這樣重要的事，不可能沒有跟先生談過。這很難令人置信。故檢查官又把先生調來審問。結果先生取消以前所言，認了罪。

他表示：太太跟他談過這件事，他全部知道。如果對工廠有幫助，他全面贊成。責任全在他。雖然想承擔一切責任，但作為先生的他覺得這樣過意不去。如果可能，他願意替他太太受處罰。

至此，太太遂不得不承認曾獲得先生的同意。但卻仍然主張不對的是她，希望處罰她。

檢查官不知道如何是好。

太太計劃和提出，先生贊成，由太太實行。

問罪的輕重，則很難斷定。主犯看起來是太太，但也可以說經營者的先生的責任更大。因之徵求了前輩和同事的意見，但十人說十種話。

因無法斷定夫妻哪一方的責任，故也有人主張二人同時起訴。對此種主張，比較年長的檢查官表示反對。

他說：「我和太太，夫妻中的一個人做了壞事，社會紛紛責難。此時，另一人到處辯解『他』（或她）不是那麼壞。只是一時著了魔而已。請長遠地看『他』（或她）。社會這樣相信，或裝著相信。社會是這麼一回事。如果被認為夫妻都做了壞事，這個家庭便沒得救。尤其夫妻兩個人都傳到法庭，就一對夫妻而言，天下還有比這個更可恥的事嗎？」

處罰先生呢，還是處罰太太？應該起訴經營者的先生。大部分的人認為，這種時候應該男子來承擔責任才對。這是日本的傳統。

常說挖苦話的檢查官，不由然地說：

「這樣不是蔑視女性嗎？太太構想和實施，懦弱的先生默默地在那裡看。女性堂堂正正地負起自己的責任。現在似乎已經是這種時代了。」
在場者都一聲不響。

我對加強罰規的疑問

因為修改「政治資金規正法」，對捐款數目違反限制者將設拘禁刑，超過限制者，超過部分將沒收，此外，還限制公司行號對政治資金派對券張數的購買。

以「佐川事件」為契機，而以政治資金規正法是不完備，缺陷很多的「竹簍法」，因此許多人認為以此法，實在無從取締惡質的違反者。

「拿五億，只罰款二十萬日圓」、「政治家個人獲得捐款時沒有提出報告的義務」、「會計負責人是形式上的，根本不能適用罰規」等等，都是考慮方便於取締的意見。

這個政治資金規正（限制）法的修改，如果能成為將來基本的政治改革的里程碑，當然很好。

但每逢發生與政界有關的大事件時，就新設取締的法規，加強罰規以為當前的對策，這種頭痛醫頭，腳痛醫腳的辦法是否適當，不無疑問。

加強刑事罰規，的確是不必花錢的最便宜辦法。

但人的智慧是有限的。即使訂了最周密的罰規，馬上會有人發現其漏洞。如果為此再補牆，則必有人立刻找出其他漏洞，惡性循環。

法律是人作的。不完備、有缺限是應該的，老實說，世上沒有不是「竹簍法」的法律。

有人說：「法期無法」，「法三章」。

法律只是規定最低限度的規則而已。尤其是刑法，因為其性質上的關係，只能規定其最低限度，這亦稱為「刑法的謙抑性」（謙抑意謂虛懷若谷—譯者）。什麼都要以法律來限制，徹底取締的想法，乃是極其危險的警察國家的想法。

經濟以自由為基礎。所以最好不要有計劃和統制。

政治比經濟更需要自由。我們可以說自由是政治的生命。

政治資金規正法規定政治資金的基本準則。它被批評為「竹簍法」，因而有人大聲疾呼要制訂極其詳細的取締規定和盡量要深以重的刑罰，實在可悲。

對於暴力和麻醉藥，愈加強處罰，取締的效果可能更大。

但政治資金規正法與這種法律，基本上不同其性質。我不贊成因其為「竹簍法」，為期待取締的效果而加強罰規。

因為適用這個法律的是政治家、秘書、政治團體的職員，都是紳士、淑女。其知識、道德觀念應該比一般日本國民的平均水準高。

但事實如何呢？

以惡質的違反陸續會出現為前提，有人極力主張加強罰規和徹底取締，真是大有問題。

麻藥的問題

稀世的職業棒球選手江夏豐，因違反麻醉藥事件而被起訴，是經常使用海洛英的嫌疑。

一九九二年，以《座頭市》（電影名稱─譯者）的主角馳名的勝新太郎，因走私可卡因、大麻事件，雖然是緩刑，還是判決有罪。

以往，曾經也有過相當著名的搖滾歌星、樂隊隊員、藝能人、電視報導員、廣播作家等，因為這類藥物事件，而成為社會上的話題。

可卡因是採自南美產可卡樹葉，是白色粉末，有苦味。有時候將其溶於水打針，或以鼻子來吸引粉末。它一進身體內，對中樞神經系統，開始是興奮，其次會有麻痺作用，繼而充滿快感，愛說話，產生幻覺。藝能人所用的是，相信會刺激中樞神經，使其陷於興奮狀態，從而喚醒藝術感性，但是不是真正有效，不得而知。

大麻出產於中亞，與伊斯蘭教同時傳播到印度、伊朗和北非洲。將葉子和花曬乾後切成細片，像香煙吸。一吸即心身陶然，呈顯興奮狀態，情緒不安定。為著尋求藝術感性的刺激為藝能人所用。

作為麻醉藥的效能，海洛英比大麻、可卡因強得多，中毒症狀出現得快。而有趣的是，這些藥物有其自然的地盤。

美國曾經是海洛英的王國，但今日卻是可卡因和大麻的天下。歐洲、中近東、東南亞地區，是海洛英的勢力範圍。俄羅斯、東歐有許多鴉片。

全世界的麻醉藥的生意大約為三千億美元，其中，據估計，美國佔一千億美元。日本是為麻藥所支配的唯一地區。幾乎沒有海洛英、可卡因、大麻只用於藝能界的一部分人。

日本一年的麻醉藥事件大約二萬件，麻藥佔一成左右。麻醉藥在日本的一年生意為大約三千億日圓，絕大部分掌控在黑道組織，當然沒有課稅。

為什麼日本成為麻醉藥的天下呢？有這樣的譬喻。

「香港的妓女為逃避現世的痛苦而用麻藥，日本的妓女為著多工作、向上而打麻醉藥。」這或許是事實。有人說，麻藥是消極的，麻醉藥是積極的。

二次大戰期間，為使特攻隊員視死如歸，而以麻醉藥壯膽，這是極其令人傷心的事情。

的確日本人，對於活力之泉源的麻醉藥比幻想天堂的麻藥，感覺更大魅力。麻醉藥或許是很適合於支持經濟大國的「經濟動物」日本人。而也因為如此，所以很不容易根除它。在藝能界是否有人認為使用可卡因、大麻是一種地位的象徵？若有，那就大錯特錯了。

打麻醉藥，是否扮演著釀成社會底層人們的連帶意識？若是？問題的根源更深。欲根除它，腳踏實地繼續努力是唯一有效的對策。

一把菜刀

「處被告五年有期徒刑。」

宣讀判文的裁判長之低而不清楚的聲音。

人們以為會獲判緩刑，結果是要服刑，顯而易見，被告的律師非常失望。

被告的年齡還不到三十。低著頭，靜靜地聽著判決。

全身充滿了反省和悔悟，宛如虔誠的神的僕人。正因為如此，所以顯得更加可憐。

坐在旁聽席的最前排，有一對老夫妻互相安慰著。先生似乎抱著病，拚命在咳嗽，這使他倆的失望和認命更是明顯。

被告的罪名是殺人。

他在工商業住宅區開了一家小飯館。事件是以菜刀殺掉了在他店工作的女性。

他本來已經決定與這位女性成家的。這個女性這幾年來一直在這家飯館工作。不知不覺之中，與店裡的年輕老闆發生戀愛關係，兩個人相親相愛，人們都為他倆祝福。

結果這個女性被他刺死了。

這家店原來是坐在旁聽席的他父母開的。父親是典型的刀手藝人，母親於於招呼客人，夫唱婦隨，是一對好搭檔。許多老主顧特別欣賞老闆的刀藝，因而飯館生意好得不得了。

父母年老，自然由獨生子繼承家業，而與這位女性共同奮鬥。老父母以他們兩個人為榮。父親雖然對其兒子的做菜管理很嚴，但似乎很快樂。兒子也以笑容接受父親的指點。

兒子雖然很尊敬教導他的父親，但兒子有兒子的想法。他不喜歡墨守成規，因此擴張店面，重新裝修，轉變為今日所流行的，以年輕人為主要對象的飯館，一邊尊重父親，逐漸實行他自己的想法。

而這個女性也很贊成他的想法，每天高高興興地工作著。因此比他父親時候生意更好，但卻有一個問題。

在他父親時代，黑道者每個月總要來一兩次。這個黑道人士經常帶幾個年輕的手下來，吃了當然不付錢。他在附近擁有事務所，以這一帶為其地盤。

這個流氓勢力頗大，以這一帶飲食店的保鏢自任。事實上店裡發生了糾紛，他都很順利予以擺平，他告訴店裡：一有事情能與其事務所聯絡。

古板而重義氣的父親，很重視這種交情，因此甚至於以認識這種人為榮。

可是兒子卻不以為然。他認為這種時代已經過去了。請教警察結果，警察建議他與流氓斷絕來往。

此時，這個流氓帶手下來了。

兒子鼓起勇氣，請他到飯館後面小巷，明白告訴他：從今以後不準備再跟他有此種來往，請他以後不要來了。

因為很不放心，故店裡的那個女性跟著後面出來，在離開幾步的地方看著。

流氓頭子微笑著沒說話，但其手下卻怒髮衝天，破口大罵起來了。

他們來到時，兒子正在做菜，所以菜刀插在腰上就出去了。偶然變成這樣，不是特意帶去的。

年輕人要揍兒子，兒子不由地拿出菜刀迎架。看到菜刀的年輕人，更加衝動，揍兒子。

這時，在旁邊看著的那個女性，邊喊出叫聲衝進兩個人之間。對年輕人刺出去的菜刀，竟刺進女性胸部，女性倒地當場死亡。殺人事件是這樣發生的。

無數的人同情被逮捕的兒子，各界人士為他提出許多請願書。但帶出菜刀是不應該的；對人刺菜刀也是不可否認的事實。

被刺到的不是年輕人，而意外地是他的愛人，但殺人還是殺人。律師雖然聲淚俱下替他辯護，但他接受這個判決，服刑去了。

即使審判結束，正在服刑的今日，他還是非常自責殺死自己心愛的人，而懊惱不已。

事件後，有一陣子，飯館門口貼著一張「臨時休業」的紙條，但不知不覺之中，紙條變成「店面出售」了。

本來身體很好的母親，突然生病，不多久便去世。據說，變成一個人的父親，成為半廢人，而由親戚送到老人院去了。

簽帳卡的破產

在公寓住宅社區的家庭主婦之間，流行著商品的分期付款詐欺。幾個人成為一組，輪流作買主，一個人作保證人購買電氣品、照相機等等，不管三七二十一地以分期付款購買。到手的商品，即不是以二、三成之價錢當掉，就是賣掉，然後把錢分給大家，用於買東西、旅行和吃喝玩樂。

一被催繳付款，便到另外一家商店，以同樣方法拿到商品，將其賣掉，以這筆金錢付款，應付一時。

這樣惡性循環，不多久遂負債如山，最後告到警察。

每天處理此種案件，替分期付款商店要回錢的我們，逐漸感覺，是替人家催收欠款而工作。

主婦們的行為無疑地是犯罪，但賣方不能說完全沒有責任。

但不是只要能夠得出去就可以的。他們有沒有調查主婦們的付款能力？為什麼對一個人賣好幾部電視？

為何不找可靠的保證人？儘量買，發生問題時便找警察，這實在太不負責任了。商人有「商人之道」。我們要自稱被害者的店東特別注意這一點。

繼分期付款詐欺之後出現的便是以薪水階級、主婦、學生為主要對象的高利貸的悲劇。

總之，是只要有一張身份證明文件就可以借錢，因此白領階級、女職員、學生、家庭主婦便一窩蜂爭先恐後地向高利貸借錢去吃喝玩樂。

錢借多了，最後幾無例外地找到警察來。沒有還債的能力或把握而借錢無異是詐欺。但不做調查，不要求保證人，或不找可靠的保證人的貸款者也有責任。我記得我曾經對他們公開正告過：作為內行人，不遵守該遵守之規則者，實無資格要求法律的保護。

而最近是泡沫經濟和用簽帳浪費的時代。

年輕人和女職員使用簽帳卡亂買一場，最後是「簽帳卡的破產」。

申請自己破產的件數，一九九〇年為一萬一千二百七十三件，但次年卻增加到二萬四千六百四十九件。

在社會上，最重要的是信用。買東西要付錢，借錢到期要還清。如做不到便無信用，無信用社會即不成其為社會。

所謂「破產」，乃是一個人努力於事業，惟事與願違，陷於束手無策時，由政府協助其整頓借款，使其早日回歸社會的一種制度。

從前，破產者被視為犯罪者，但今日情況已經不同。既有選舉權，也可以擔任公務員。但為吃喝玩樂、浪費而生活成問題者，要申請「破產」是毫無道理的。

我認為，在救濟這種人之前，必須令其充分自覺作為社會人的責任。與此同時，我要求亂發行簽帳卡的業者好好反省：此種作為無異是詐欺的共犯。

母親的勳章

我母親是四個姊妹的老么。自幼喪雙親，爾後邊得到已出嫁的姊姊們的援助，幾乎自食其力念完女中和師範學校，擔任小學老師。

套用今日流行的用語，就是半工半讀。當時母親住進經商的親戚家，邊幫忙家事、看店，無事不幫，邊上學。

她一定很辛苦，但由當日的照片，可以看出她是個在充滿活力氣氛中非常幸福的年輕女孩。

令我完全不感覺暗淡無光，真是不可思議。非常努力求上進的母親，與父親結婚之後仍然當老師，在這期間生了四個小孩，並把她們養大。這是夫婦皆從事工作的開端。當日他們能夠做到這一點，實在很不容易。

被下女背在背上的我們這些嬰孩，在一定的時間要到學校去。母親則從講台下來，在教室的一隅，當場打開胸前給嬰兒吃奶。小學生們則吵吵嚷嚷地圍著母親看著這個光景。沒有人覺得奇怪。真是「太平」的時代。

我進小學那一年，是母親教書最後的一年。對於經常被孩子們圍繞著，精神飽滿意氣揚揚走進校園的母親，我覺得光榮無比。

退休後的母親，為社區人士所愛戴，推為保護司、民生委員、婦女問題輔導員，充當義工。而從母親的性格來看，這是極其自然順理成章的事情。

二次大戰以後不久的當時，是即使一個人要過活也都很困難的時代，故對於以家庭主婦立場，既要照顧小孩，又要參與社會福利事業的勇氣和行動力，我不得不佩服得五體投地。

母親的大姊是當時的所謂文學少女。她留下了以大正時代（一九一二－一九二六）為背景的一些詩，其中一首被採用於戰前小學的唱歌（是小學的一門課程－譯者），曾經膾炙人口一時的童謠〈流星〉就是。

當我在神奈川縣擔任檢查官時，當時的長洲一二知事（縣長）在其隨筆集《十人十色、一人十色》，以萬感交集的心情提到他在青春時代與這首童謠的邂逅。

很長時間，不知道〈流星〉的作詞者是誰。由於長洲先生的呼籲，大家分頭去查詢，結果發現已經不在人間的姨母是作詞者，於是知事和檢查官，因為這首童謠而做了一次感人的會面。

母親去世舉行葬禮那一天，極其寒冷。在雪花頻飛的陰天黃昏，和許多參加葬禮者面前，社區代表念弔辭說：「台端曾任小學教師，養育許多子女，退休後出任民生委員、保護司、婦女輔導員、為眾多不幸者盡心力，其功績……」，我覺得這是至高無上的「母親的勛章」。

橫濱壽町

橫濱市中區壽町地區，與大阪的愛林（平假名音譯）、東京的山谷、名古屋的笹島一樣，以「日工工人的便宜住處」而馳名。在很小的地區，有九十多家簡易居所，住有大約六千人。

在其中的一家簡易住處發生了命案。一個喝醉酒鬧事者，將注意他的人用菜刀予以刺死。犯人是五十五到六十歲之間，出身九州。他幼年父母去世，由其親戚領養。十歲時離家出走，到處流浪。

二十年前開始居住壽町，當工過活。一天的工錢為一萬兩千日圓，住宿費是一天九百日圓。所以只要在工作便能夠生活。他沒有親人。有傷害、竊盜、海洛英等九犯前科。

被害者是四十五歲左右的人。也是九州出身，其境遇與犯人大同小異。高中畢業以後，就業於京濱地區的工廠，但不久就辭職，而住進壽町。最近因搞壞身體，不能工作，而受著生活保護。

雖然也有從地方出來工作，以壽町為住處匯錢回家鄉的人，但他們的境遇與這個事件的犯人和被害者差不多。

有不少橫濱的人自負「二十一世紀將是橫濱的世紀」。映於夕陽的白色海灣橋，在其下面來來去去的豪華客輪，高層建築物林立的「港之未來二十一地區」，皆象徵著超現代都市橫濱，而壽町就是它的中心。

只要你踏進壽町一步，你一定會被它的光景之可怕和氣氛之恐怖而壓倒。狹窄的馬路上全是人，尤其是黃昏時刻最為熱鬧。

幾乎要讓你變成聾子的吵雜聲。這些人都是喝醉酒的。穿的都是工作服、燈籠褲，散亂的長頭髮，大聲喊叫、哭泣、歌唱，人潮左擺右動，在路上睡著的。

有人警告我：一個人到這個地方很危險，但沒有這回事。你笑了，他也會害羞地笑。你說「你好」，他也會說「你好」。在本質上，他們是好人。

此地的犯罪並不多。竊盜、傷害，一年只有十幾件。這裡雖然也有公家的工作介紹所，但還是屬於黑道的天下。

住在這裡的人們的平均壽命相當短，只有五十八歲，（日本女性平均壽命為八十二・五歲，男性為七十九歲，世界最長壽—譯者）與印度的五十五歲、埃及的五十九歲差不多。死亡的最大原因是慢性肝疾病和腦血管疾病，是因為喝酒過多。

我們應該注視經濟大國日本的這個暗部。力倡國際貢獻和援助開發中國家，主張充實福利行政的政治家們，呼號拯救靈魂，倡說給予不幸者以愛心的宗教家們，評論貧困、差別的政論家們，我認為你們有義務單身不聲不響地親自去看看壽町，瞭解瞭解其實際情況。

連檢查官也敢騙

這是從前的事情。

東京近郊一個高爾夫球俱樂部的會員證開始出售，非常便宜。比一般行情要便宜很多。有些檢查官得悉此項消息，故許多檢查官也買了。但仔細調查結果，其會員竟將近兩萬人。在假日想預約，根本不可能。經過兩三年以後，高爾夫公司倒閉了。「入會保證金預託（寄存）證書」成為廢紙。以法律專家自居，辦事慎重馳名的檢查官竟被「套牢」。

一般認為，高爾夫球場的會員人數，一洞一百人，十八個洞一千八百人才算合理。但真正說來，這還是嫌多。我們姑且以這樣來計算。一千八百人，每人出一千萬日圓（大約合兩百六十萬台幣—譯者），共計一百八十億日圓。以這個數目，欲在東京近郊建設高爾夫球場是不可能的。如果每人出兩千萬日圓，三百六十億日圓，或許可能。這是占用那麼大土地，需要很多的設備投資，令人幫你帶著道具玩的遊戲，當然不可能便宜。

二次大戰以前的日本高爾夫球場，幾乎都是屬於社團法人，會員是法人的社員。高爾夫球場的出發點在這裡。換言之，由愛好高爾夫球的人們互相出錢成立法人組織的俱樂部，享受打高爾夫球。因為是法人，所以社員的權利在法律上受到很大的保護。此外還有股東會員制、出資會員制等形式，這種時候，會員是股東或者是有保證或抵押的出資者，因此其權利，在法律上也受到必要的保護。

問題是寄存金會員制的高爾夫球場。這是隨高爾夫之大眾化而在日本誕生的獨特辦法。隨高爾夫大眾化，高爾夫球場的經營者也隨之而一般化。於是徒手空拳，專門靠他人荷包者也就插足這個世界。惡幣驅逐良幣。全國的高爾夫球場的大部分遂馬上變成這個方式。這個方式為斂金者提供了「用武」的好機會。

寄存證書，表面上看起來很堂皇，但這只是寄存金的一張領據而已。因為是有價證券，故也不能轉讓。

這類高爾夫球場的會員人數，公稱五倍、十倍，甚至於幾十倍。因此假日的預約比登天還要難。預約電話根本打不進去。都是講話中。除非透過特別關係，不可能訂到。有的高爾夫球場，其預約全部要走後門。有的索性把電話筒拿起來，使其一直「講話中」。這是公開的秘密，但一聽到便宜，還是有人搶購，惡性循環。

不過去年已經通過了這樣的法律：招募會員時，一、要公告並申報預定會員人數，二、明示寄存金的預定用途，三、會員的招募若比原來所預定的人數超過很多時，將把寄存金當作「出資法」所禁止的「保管金」來取締。

不過法律不是萬能，馬上會有人發現其漏洞。自己的財產由自己來維護最為可靠。

留下來的疑問

秋天的一個下午，照例開始了午茶時間。

今天，從地方出差來的一位地檢處首席檢查官也參加了，他首先發言。話題是國會所舉行對證券公司或銀行幹部的傳詢證人。

「我看了國會的傳詢證人，蠻有趣，但說實在話，其訊問很散漫，內容重複，答非所問，整個來說不夠深度。」

擔任過地檢處審判部長的檢查官，以很嚴肅的語調說：

「從專業的立場來說，訊問證人應以一問一答為原則。因一下子問好幾個問題，所以才會產生混亂。訊問當限於事實，不能加意見，要簡單明瞭，秘訣是多問回答是或不是的問題。回答如拖泥帶水，要不客氣地予以糾正。」

年輕時擔任過法官而馳名的一位檢查官接著說：「訊問與演說不同。令其發表意見或反省沒有什麼意義。訊問，最好由一個人負責」。

「證人與參考人有什麼不同？根據議院規則，是『聽取參考人的意見』。聽取是否事實時是證人，聽取其意見時是參考人，兩者完全不一樣。同時，證人是協助調查國政的第三者，不管當事者亦即追究的對象。如果把它分別清楚，自不會發生禁止電視轉播的問題」。

下來是對精通商法的檢查官的質問。

「這次的補償損失，是否應該經過董事會的決議？一律而且大幅度的補償損失既然屬於商法二六〇條之重要財產的處分，當然應由董事會決定。為什麼沒有經過董事會呢？補償損失與日常業務不同，它是有關公司生死存亡的重要問題，因此對於要不要補償，其標準補償率，對顧客將說明到什麼程度，授權營業部門何種範圍，與其他公司的聯絡，要不要報告有關當局，凡此都應該認真討論，決定基本方針才對，但這並不清楚。」

搜查經驗很豐富的地檢處首席檢查官又說：

「關於銀行的參考人，我想發表一點意見。一個普普通通的料亭女老闆掌控著幾千億日圓。參考人的總經理跟這個女性見過幾次面。識人是銀行家最起碼的條件。當然會產生疑問，總動員其手下的調查機關，徹底調查其人物、交際範圍及其資金之出處才對。」

「至於不夠深度，大眾傳播媒體報導說，住友銀行強行合併平和相互銀行（合會公司—譯者）是造成今日伊多曼（片假名音譯）公司的悲劇。若是，現今對其合併是如何評價？推動其合併者的責任為何？成為合併之原動力的平和相互銀行事件，據說其背後有某大律師和相當可疑的人物，他們與住友銀行是什麼關係，這是一個疑問。」

時間快到了。跟從前一樣，最資深的檢查官結論說：

「或許有人不一定贊成，但我認為制度是反覆試行錯誤前進的。檢查的運作也完全一樣。人家的批評我們應該很虛心地接受才對。」

殺死嬰兒的母親

抱著嬰兒的母親，這是任何地方都可以看得到的極其悠閒的光景。所有的母親，都幸福極了。

很久以前，我辦過某殺人案件。

犯人是剛剛二十歲的母親。她在公寓將生下兩三個月的嬰兒勒死，自己想自殺沒有成功而被補。

她是鄉下的出身，初中畢業後，以集體就業的一員，在都市的工廠工作。不久與男性同事親密同居，生下一個小孩。

男的因為厭煩這種生活，故突然溜走了。

她和小孩於是走投無路。她已經辭掉了工廠的工作，又未告訴過家人有關男朋友和小孩的事。所以不敢回去，也沒有能夠幫助她的朋友。因此準備母女一起死，結果她沒死。

這個事因經大眾傳播媒體曝光之後，大家便很同情她。一般認為，不對的是遺棄妻女的男人，政府的因應有沒有疏忽，公寓的其他人在幹什麼，社會對這樣可憐的母女為何不伸出援手等等。

婦女團體的人、女律師、女議員等陸續來看我，並從女性立場表示意見，最後對我說：「不會起訴她吧。」

但我的結論已經定了。

她是一個非常認真而一絲不苟的人，因此很直。如果是馬馬虎虎的女人，她的因應可能更是厚臉皮的做法。她跟將嬰兒丟在車站的「自助存物櫃」（coinlocker）的年輕母親不同。

要同情她是很容易的。但今後背勒死嬰兒的重擔要長年活下去的是她，不是別人。愈認真的人，犯罪的意識會愈強。自己親自勒自己嬰孩脖子時嬰孩那痛苦的表情是很難忘記的。同情不能產生任何結果，惟有犧牲和創傷才能贖罪。她的更生，始於她自己認識其所犯罪惡之重大。

我要起訴她。以便在公開的法庭和許多旁聽人面前，由檢查官來嚴厲追究她的責任：在發生此種悲劇之前，有沒有方法防止其發生？為什麼沒有跟朋友、家人、政府機關商量？失去的人命之如何可貴。

辯護律師諄諄論更生之道，要求寬大的判決。

這種「儀式」對她人生的再出發是絕對必要的「告別」。

我這樣想，因此我起訴了她。

今日，我有時候會想，她一定結婚，有好幾個小孩，過著幸福的生活。真希望是如此。

公款的開支

（一）知事送縣內護國神社玉串費一萬日圓。
（二）村長捐村內守護神（寺院）一萬日圓。
（三）市長送市內私立高中紀念會賀儀一萬日圓。

以上的公款開支，在日本憲法上有沒有問題？

對於（一）項，在「愛緩玉串費訴訟」的裁判，高松高等法院認為這在「社會儀禮上的範圍」，沒有問題。

同樣的問題，在「岩手靖國訴訟」，仙台高等法院判決此種公款的開支，屬於違憲。公費的開支對象如果是靖國神社或護國神社時，都會產生違憲或不違憲的爭論。

對於（二）項，有沒有人要提出憲法裁判，我不知道，不過我想，許多人可能認為應該不會有什麼問題。

對於（一）項主張違憲，似基於以下的觀點：中央政府或地方政府，如果與祭祀戰死者之靈的靖國神社（相當於我國的忠烈祠－譯者）和護國神社，有讚美戰爭，促使軍國主義復活之虞。

但在日本憲法上，靖國神社和護國神社，與其他的宗教法人完全沒有區別。因此，如果（一）是違憲的話，（二）也應該是違憲，否則會產生矛盾。

對於（三）項，雖然很少人提到，但這是宗教與私立學校教育的問題，在本質上與（一）、（二）大同小異。

日本國憲法第八九條規定，與宗教團體一樣，對於「不屬於公家支配的教育事業」，不得開支公款。私立學校當然「不屬於公家的支配」。

例如福澤諭吉的慶應大學、大隈重信的早稻田大學，就是由不齒政府教育的有志之士，要在自由的風氣下，實行獨自的教育為目的而創立的。如果由政府給錢，公權力將干涉私立學校的經營和教育內容。憲法之所以禁止，其本意在此。

可事實上，因「私立學校振興助成法」，日本政府對私立學校每年補助幾千億日圓。但對此種補助，從來沒人說這是違憲。如考慮到特定的私立學校或宗教與公權力關係密接的可怕，宗教與私立學校教育在基本上應該沒有什麼差異才對。學者專家們在苦心於尋找補助私立學校並不違憲的理由，但我認為：規定一定的標準，公正地予以補助，且對私立學校實質上不介入其經營和教育內容的話，應該不能說違憲。

總之，我認為，對靖國神社、護國神社就大發議論；對補助私立學校便要裝傻的學者，實在有愧良心。如果認為對私立學校的補助憲法上沒有問題，對宗教或私立學校的一定範圍的公款開支不應有問題。而在「社會禮儀上的範圍」就是其範圍的一種。

前述知事的玉串費、村長的捐款以及市長的賀儀，應該都是屬於這個範圍內之事，故不能說那一項是違憲，那一項是不違憲。

教師的責任

在橄欖球的練習比賽，高中隊與社會隊對抗。斯克蘭時，高中隊Hooker的二年級學生折斷了脖子骨頭。

我們假定在體力與實力不同的隊伍對抗時，以將二年級學生配置於最危險位子之Hooker的指導教師的責任很重，並將此教師以業務過失傷害予以起訴。此時，這個教師是否有罪？

如果以教師為對手，請求民事上的損害賠償，將是如何呢？果真以追究教師的刑事、民事上責任，恐怕不會有人願意去當教師。

世上哪裡有不危險的運動？

以鍛練身體為目的，每個人對自己體力做最大的挑戰。而運動之所以那麼吸引人，理由在此。

惟令小學生、初中生從事登山、滑雪等需要高等技術的運動時，指導員必須非常細心，特別注意。如果粗心大意而發生事故，當然可以追究指導員的責任。

但高中、大學生從事棒球、美式足球、橄欖球等一般運動時，情形就不同了。指導員的注意，自有其限度。在基本上，選手要以自己的判斷和責任來行動才對。

運動既然有某種程度上的危險，所以，無論如何細心注意，還是不可能完全防止發生萬一。

棒球比賽時，因「死球」傷了人。即使投手的控制有些問題，也不會有人認為起用這個投手的教練有責任。

以這種事，以學校或地方政府為對手請求民事上的損害賠償時，大多認為出錢可以了事，因而比較「容易」承認教師的責任，而命令支付賠償金。

但是，如果以教師個人為對手要求賠償，以及以教師刑事責任而予以控告的話，將是如何呢？

一定有許多人會認為，這對教師太酷了，這種事怎麼告到警察去呢？

發生事故是很不幸的事。但這與追究指導教師的責任是兩回事。

我要再強調一次，運動有是危險性的。大家都知道這個事實，而又願意自動參與，願意流汗。

為了因應發生萬一，參加保險是一個可行的方法，而學校本身之充實災害補償制度亦有其必要。

前幾年的札幌「麵敏感裁判」也是一樣。

教師照顧五十個兒童，每個小孩各有其問題，不能只分心於一個學生。據說，學校曾把午餐菜單分送給各家庭。若是，以後的事應該是家庭的問題。

教師也是普通的人。我們不能要求教師如全能的神一般的注意力，有其負一切的責任。換句話說，我不贊同把所有責任推給旁人的最近這種風氣。

移植內臟器官與殺人罪

為著自己的生存，曾經發生過殺死衰弱快要死的同伴，並吃其肉的事件。一八八四年的「迷你有聶特輪事件」便是其一例。

英國船迷你有聶特輪在大西洋遇難，船長以下四個人搭小艇漂流海上二十幾天。比較有精神的三個，將很衰弱快要死的十七歲少年水夫殺死，吃其肉維持自己的生命。被救護後，這三個人被判死刑，因特赦而減刑為監禁。

在這裡成為問題的是為了拯救三條生命，可以不可以犧牲即將消失的一條生命。而移植內臟器官也脫離不了這個問題。

在刑法上，有「緊急避難」這個名詞。這是譬如幾乎將被車子撞上時，瞬間猛推旁邊的人避了難，被推的人因而受了傷也沒有罪的理論。

但生命與生命的時候，問題就不是那麼單純。任何人都不可以為了自己的生存而犧牲別人的生命。如果這樣做就是殺人罪，這是刑法傳統的想法。

移植內臟器官是殺人便基於此種立場。

而「腦死臨調」（腦死臨時調查會的簡稱—譯者）所討論的起點不外乎在此。承認腦死，假設提供內臟器官者已死，自己不會有煩惱，也不構成殺人罪。「臨調」站在這個立場提出其看法。

一般認為，對於人的死有「三兆徵說」，即以心臟停止、呼吸停止和瞳孔擴散作為人之死。非常清楚，不會產生疑問。

我曾經參加過幾次臨終的場面，即使沒有醫學知識，也可以知道人死於何時。這時醫師會說「臨終了」，而在場者也都會接受。

但腦死不是這樣。腦機能遭到破壞時，一定會死，但不會馬上死。如予以延命措施，即能延長其時間。在這期間，還有呼吸、血液在循環，仍然有體溫。

對於在這種狀態的人，能說「這是屍體」嗎？社會對此種事，是否真的有共識？許多人在主張移植內臟器官的必要性。而事實上，有不少生命在等著死。不錯，這是事實。但是，因此我們就可以提出腦死提早人死的時間嗎？人死的時間，對繼承關係等等具有重大的意義。它必須不僅是醫師，由任何人看來都非常清楚才行。

對這個問題，我認為我們應該坦率面對事實，作這樣的主張：犧牲即將失去的生命，以拯救其他生命是不得已的措施，這是人類的睿智和科學所帶來極有意義的生命的復活。

當然，包括其程序、條件等社會的共識，自應以法律的形式規定明白。

搜查住宅

「共和事件」、「佐川快遞事件」、「綜合營造商貪汙事件」等等，東京地檢處特別搜查部的舉止，備受社會注目。而這種大事件，幾乎必須搜查住宅。搜查官要從公司或事務所一箱箱地搬出裝滿證據文件的紙箱。搬進證據文件的檢查廳，實有如戰場。分類、做目錄，旁邊有檢查官或精通帳簿的副檢查官，在那裡詳細檢查整理好的文件內容。一項一項的證據並沒有多大意義，但從幾個證據的相互關係可以理出不透明金錢的流向。

一個公館最裡頭的屋子，堆積禮品如山。高級洋酒、書畫古董、高爾夫用品、昂貴的道具類、西裝布料、布匹、應有盡有。下面的禮品，盡是灰塵，且被壓得扁扁地。所有禮品都有禮籤，包裝原封不動。問其家人原因，竟回答說禮回多得不得了，無從整理起。如果請百貨公司買回去，馬上會傳開，將發生問題。他們也不知道該怎麼辦。真是奢侈之至。

這是權勢極大無比人物的情形，但誠心誠意送禮者的立場是如何呢？不過這種禮品，本來實有所企圖，與誠心毫無關係。因此我覺得這些禮品實在好可憐。

我在另外一個人的住宅也看過同樣的光景，但卻擺在每個人都馬上能夠看到的地方。我覺得很奇怪。一查，堆得竟是空箱子。這是為對客人顯示其權勢所作的「演出」。由此我深深感覺到：即使是一個有權勢的人，要在那個世界混得好，的確不容易。

搜查某受賄行賄事件時，行賄者和受賄者都堅決否認有過賄賂行為，他們皆異口同聲主張他們的關係沒有那麼密切。為慎重起見，再次搜查了這兩個人的住宅，結果發現了很特別的照片。在照片中與酒吧女服務生纏在一起的就是他們兩個人。而且他倆都擁有同樣的照片。他們既然都擁有同樣的照片，證明他倆非常親密。因這張照片，順利地解決了這個貪汙案件。

我搜查過國會議員的事務所。在從秘書抽屜扣押的證據目錄中卻沒有「名片」。這是一件怪事。通常，秘書的抽屜裡都有許許多多的名片。再搜查一次，竟從其抽屜裡發現了很重要的證據。第一次搜查的時候，他事先把證據他移了。因為已搜查過了，所以他便把這些證據又搬回自己抽屜了。

日記、備忘錄、便條、桌上日曆，即使沒有記述什麼重要事體的，也都統統扣押起來。否則，他可以事後寫些事作為「無辜」（Alibi）的證據。

榻榻米底下、走廊下面、棉被裡頭，汽車後車廂、鞋子箱、洗手間、神龕，家人身上帶的東西，都得仔細檢查。搜查官的工作真是不簡單。

一個殺人犯

我所敬愛的前輩，I前檢查官去世了。我曾經跟他在辦公廳並排坐過。

由於這種原因，他的遺族將他留下來的「事件備忘錄」送給我。在翻閱中，突然發現我的名字。

「S君（佐藤在羅馬拼音是Sato─譯者），我堅決反對死刑的求刑。再三考慮結果，決定無期徒刑。」

犯人是二十歲左右。從小就沒有父母，由他唯一的親人姊姊養大。上夜校時，因為沒有錢，搶老人，將他殺死，奪取了一點點的錢。個子小，瘦瘦臉色不好的犯人，提心吊膽地接受著I檢查官的審問。他一直低著頭，垂頭喪氣。

審問完了之後，他舉起雙手，用力打自己的頭，然後伏在桌子上哭個不停。為什麼做出這種事，現在後悔又有什麼用，他好像在其內心這樣叫喊著。有一天，犯人的姊姊來面會。她一再對I檢查官鞠躬，好似以此對被害者和社會表示歉意。當時，強盜殺人，通常是要判死刑的。

此時，I檢查官還在猶豫。

我曾對I檢查官這樣表示：罪是罪，但犯人還年輕，那惡劣的環境中他也努力掙扎過，他在由衷反省，又有那麼愛惜弟弟的姊姊，這樣不是夠了嗎？

而這個備忘錄，可能就是它的結果。

此時我想起了幾年前，我所訪問過某監獄的往事。

這所監獄有幾個無期徒刑的囚犯。他們的大部分人都誠實地接受自己的命運，認真做刑務作業，積極參加所內的活動。時間一到，他們將被假釋，回到社會，他們是有希望的。

但也有少數人不是這樣。他們受不了長期被拘禁的緊張，因而精神不安定，與其他收容者不合作，拒絕共同作業，閉居單身牢房，每天做著糊袋子的輕工作。

他們既沒有親人，也就沒人來跟他們會面。所以根本沒有要回到社會的熱情。

我想起那個時候的犯人，現況如何。他有很愛惜他的姊姊。當時他還年輕，具有向上心，故應該更生，已經回到社會才對。

於是我照會了監獄，馬上有回信。

「所照會的無期受刑者，仍在本監獄。精神不安定，無合作性，拒絕參與刑務作業。無親人，很長時間沒人來面會。」

為什麼呢？他在監獄已經三十多年。I氏溫柔的臉，以及在其面前放聲大哭的姊弟的樣子，一再地顯現於我的腦海中。

「護憲之神」的苦惱

大津事件的「兒島惟謙」，以建立日本法治國家之基礎的司法獨立馳名。

兒島是伊予宇和島藩（今日的四國愛媛縣—譯者）的出身。與坂本龍馬、江藤新平有親密交情，明治維新後，他服務於司法省，一直晉升，一八九一年五月六日就任大審院院長即今日的最高裁判所長官（相當於我國最高法院院長—譯者）。

大津事件發生於他上任五天後的五月十一日。

俄國皇太子，後來因俄國革命被處死的尼古拉二世，當日正在巡迴大津市內。警衛的警員津田三藏，突然拔出刀身，刺俄國皇太子頭部兩刀，刺到骨頭，使其身負重傷。

這是帝國主義盛極的時代。俄國可能以此為藉口，訴諸於戰爭。

當時的日本政府欲處犯人津田以死刑，以避免俄國的報復，決定適用舊刑法第一一六條（對天皇皇后皇太子加以危害，或欲加以危害者處死刑）。但在法理上，要把這條文適用於外國的皇族是說不通的。

檢查官、法官、律師（當時稱為代言人）大多反對，並主張以一般殺人未遂罪論處。若是，最高只能判無期徒刑。

最高檢查長（日文稱為檢事總長—譯者）三好退藏，受政府之命令，主張適用一一六條，以在大審院審理為前提，要求任命預審法官。當時對皇室的罪，係以大審院一審為終審。

本來，兒島應該拒絕以犯人死刑為前提的最高檢查長的要求。但不知何故他未這樣做，而任命了預審法官，這個決定成為混亂的根源。兒島為何任命預審法官，不得而知。他自己也未作任何說明。事實是，俄國皇太子訪日時，俄國駐日公使曾指出發生意外事故時日本刑法之不完備，當時的外相青木周藏大意地，對俄國公使約定：發生萬一時將適用一一六條以處死犯人。發生事件後，知道這個密約的兒島，一定苦於因應。

日後，兒島在其日記上說，他曾對政府提出反對處犯人以死刑的意見書，也要求擔任審判的法官勿判其死刑。視兒島之為護憲之神的說法由此而生。

當時的法界人士大多反對死刑，報紙也表示，如果因怕俄國而枉法，勢必為歐美各國瞧不起。

出乎意外地，輿論是正確的，似獨兒島惟謙挾在政府與輿論中間，搖擺不定。

最後，大審院適用了一般殺人罪，判津田以無期徒刑。據說在法庭，不由地喊出「萬歲」的聲音。當事的俄國一直保持冷靜，沒有干涉內政的行動。正因為如此，日本政府更加驚慌失措。

大審院的處理，顯然是違法。如果是一般殺人罪的話，應該將案件的一審移送地方法院，由地院審判才對。此種作法完全無視了被告的權利。與此同時，兒島公然干預部下的審判，侵犯法官的獨立，應該受到譴責。

次年，兒島和幾個大審院推事，在酒家與藝妓玩紙牌賭博曝光，兒島於是辭了大審院院長。

據說這是政府為報復大津事件所設的陷阱，真相如何，只有天才曉得。

檢查官應扮演怎樣的角色

在法律上，檢查官是「公益的代表」。檢查官扮演著代表「公益」亦即國民，替國民從事犯罪的搜查和處理事件。

檢查官審問嫌犯，不是只隨便問問他（她）所關心的問題，而是替國民，詢問國民想知道和想問的事情。

因此，除非有特殊的理由，如果檢查官不詢問國民想知道和想問的事情，他（她）便嚴重違反了其任務。

病危、長期出差海外、非常輕微的事件、擁有特別的思想對任意的傳詢絕不服從，很明顯其不構成犯罪——有這種特別狀況的時候，檢查官不必審問嫌犯，可以決定要不要予以起訴。但這是例外，如果沒有這種特別的理由，而放棄審問的話，在制度上既不可以，事實上也沒人這樣做。

尤其對於國民極關心其發展和結果的事件，要替國民詢問嫌犯有關國民所有的一切疑問，以盡作為公益之代表的責任和義務。檢查官實以此種氣概和榮譽執行著他們的任務。這是我敢斷言的。

檢查官不會「因為有人向中央提出了陳情書」，或「因為大眾傳播媒體在鬧」，而就放棄為「檢查官之生命」的對嫌犯審問權。這是我敢斷言的。

歷任的檢查總長，都大聲疾呼：「嚴正公平」和「徹底查明真相」為檢查官最基本的態度。

不必說法律之前，人人平等。在刑事訴訟法上，不管其身分、地位或職業，任何人都同樣對待。對大人物就特別客氣，對普通老百姓就隨隨便便此種作風，在其他世界我不知道，但法律學家的檢查官絕不會這樣做，也不可能這樣做。這就是所謂「嚴正公平」。檢查官在其漫長的歷史中，「不屈服於勢力，不懼怕權勢」，完成其任務，這是前輩臨機舉例告訴後輩傳承下來的。我深信，所有的檢查官都以此事為無上的光榮。而其所能夠勝任這樣辛苦的工作，就是由於這種氣概。

所謂「查明真相」，乃是盡一切可能的努力，使事件不留下任何疑問的意思。沒有特別的理由，如果檢查官隨意與現實妥協，放棄查明真相的話，作為公益的代表，那是嚴重違反了他（她）的任務。

譬如從被傳說與黑道團體有關係者獲得政治捐款時，得到捐款的究竟是團體或個人難分，如果是個人則罰款刑，團體為拘禁刑時，授受金錢的用途不清楚時，被認為個人所得的話，則有漏稅之嫌疑時，我相信不會有玩忽其追究的檢查官。如果有此種檢查官，他（她）便是完全忽視檢查總長的訓示。

總之，對特別的人給予特別的待遇，這在司法的世界是絕對不容許的。

我們相信日本國民對司法的信賴是從來沒有動搖過的。這是在審判、檢查，對任何人皆不差別對待，不差別待遇，一視同仁，秉公處理的結果。為此，我們的前輩曾經盡了最大的努力。我們必須珍惜這個成果，絕不能隨便把它扔掉。在任何時代，人人應該努力於凝聚司法與國民的一體感，這一點非常重要。

討論ＰＫＯ的前提

自衛隊之「派遣」（也有人稱為「派兵」，惟因名詞的不同在法律上沒有什麼意義，為方便起見，我統統使用派遣）海外，是否違憲？

這個命題，這幾年下來，幾乎把日本的輿論劃分為二。所成立的ＰＫＯ協助法，可以說是國民對這個問題的共識的表明，但還是有不少人在議論。

真是百家爭鳴，莫衷一是。但不知道有意或無意，他們忘記了基本而重要的問題。第一，作為討論的前提，對自衛隊是怎樣看法。

如果說：現今的自衛隊是違反憲法的，肯定派遣自衛隊到海外ＰＫＯ協助是違憲，故絕對反對派遣自衛隊到海外的話，作為法律論，這是能夠自圓其說的。

但如果採取這種立場，對國際貢獻將如何因應，要另行創立自衛隊以外之組織，實不可行，很有成績的自衛隊的派遣南極，以及在國內的災害救助活動是否也違憲？對這些問題必須回答。

如果說自衛隊雖然不違憲，但不許派遣海外的話，應該說明派遣海外為何違憲的理由。

關於自衛隊，還有「違憲合法」和「雖然違憲但承認其法律上的存在」這種很奇怪的主張。就此種立場而言，PKO協助法既然是法律，對於自衛隊的派遣海外，是否也承認它是一種「法律上的狀態」？

第二是，對於集體自衛權的行使如何看法的問題。

為維護其存在，國家皆具固有的自衛權。此項權利，與個人的基本人權在法律以前的天賦者一樣，是屬於自然法的權利，斷非憲法所賦予，更不能剝奪。它遠離憲法的框框，是一種憲法以上的權利。

為保護自己，個人擁有採取必要措施的權利。在這一點，國家也完全一樣。

個人不能單獨保護自己時，必將形成團體，集各人的力量來對付強暴。

可以單獨衛身，不能作團體保護自己，世上沒有這種道理。而就國家來說，這個團體就是集體安全保障。

聯合國可以說是國際上集體安全保障制度。既然要以團體的力量來保護自己國家的安全，作為團體的成員，自應作出應有的貢獻。

個別的自衛權的行使為憲法所容許，集體的自衛權的行使是違憲這種想法，我不知道究竟從哪裡來。在法律上，這兩者是應該區別的概念嗎？政策論姑暫不談，就法律論，我認為，對於自衛權的行使，個別的自衛權和集體的自衛權是不應該分開也不能分開的。

「海洛英檢查官」的鬱悶

海洛英的狂風，大作於日本全國。

檢舉件數，一年大約兩萬件。在大都市的檢查廳，被起訴的將近四成是牽連海洛英，拘留所、監獄、少年院都因為這種人而「客滿」。

為辦理海洛英案件，在全國的檢查廳，都派有專門的檢查官。他們一年三百六十五天，一天到晚都在忙於海洛英。

有時候與特別搜查本部的檢查官一樣，很想辦辦受世人注目震憾政財界的大案件，但，目前卻天天為海洛英而忙。

他們稍微自嘲地稱自己為「海洛英檢查官」，但他們的真正苦惱並不在這裡。

那就是覺得讓加害者逃逸，拚命追被害者。換句話說，以祕密販賣海洛英，獲得暴利的黑道人士，絕不會出現於他們面前。被抓的幾乎全都是一般的中毒者。

中毒者可以說是藥品犯罪的被害者。他們勉強湊錢買了毒品之同時，或打這種藥上了街，馬上被埋伏中的警察逮捕。

如果以為這些人是人生的落伍者，而予以同情和釋放的話，他們還是會幹同樣的事。所以非施以中毒治療，為使其明瞭藥品之可怕，必須予以起訴，並收容於治療設施。

因此經辦海洛英案件之檢查官的憂鬱有增無減。但要抓賣方，比登天還要難。

中毒者打私賣者之手之所告訴的電話號碼之後，他便被指示再打幾個不同的號碼，最後在被指定的地點等著，車子開過來，從車窗趕緊完成交易，車子就開走。

他們有時候被告訴把錢擺在某地點，過一會兒去那裡便有藥品等等，宛如間諜小說。因此實在無法抓到賣方。

滿腔熱情的年輕檢查官，勇敢地向它挑戰。

他以暴力團體作目標，把以別個案件被逮捕，且在服刑的組員叫出來，盤問他們的組（日本的暴力集團大多叫〇〇組—譯者）的內部結構和私賣的方法。他與警察一再協調，徹底跟蹤可能為賣方的組員，在現場逮住交易，依次逮捕有關的組員。檢調單位的追究，逐漸升高，終於逮捕了組長。

這個組，組長下面有幾個幹部，每個幹部各擁有十人左右的手下。各小組以「盈虧自負」競爭，利益的一半要上繳組長。批發價錢每公克幾千日圓的，消費者價格則為十幾萬日圓，當然不繳稅。

對於組長，處以有期徒刑十年，罰款一千萬日圓。

這是檢查官的熱情與警察的組織合作成功的例子，但不是每次都能成功。

現在已實施了麻醉藥新法，因此可以採取扣押藥品不當交易所得的利益和剝奪的措施。這當然很好。但再好的制度，成功與否，關鍵還是在於運用者的熱情。

罪的意識

這是都市郊外火車站前，派出所的故事。

在那裡服務的警察，稍有時間就出去抓腳踏車小偷。

他們選擇離開車站二、三百公尺馬路旁適當地點，時間是上班、上學者要回家的時候。

從電車下來的上班族、學生、騎著腳踏車，一個一個地會經過面前的馬路。

大半的騎腳踏車者，即使看到警察也毫不關心。但其中總有幾個人，因心裡發生動搖，把手搖動，前輪微微起亂，整個腳踏車會左右搖幌。

真是不愧為專業。警察看得出來這種搖擺。馬上叫其停下來，一盤問，幾乎都是偷的腳踏車。

他們是把人家放在車站前面的腳踏車，隨便騎走的。其中更有破壞車主鎖好的鎖騎走。

所謂偷腳踏車，並不是偷了以後把它賣掉。而是以它代步回家。隔天又騎回來，把它擺在車站前面。

被偷走腳踏車的人，當然不服氣，為了洩憤，他便隨意騎別人的腳踏車走。於是在車站廣場出現了不知道到底誰是犯人，誰是被害者的混亂局面。

因為生活苦，一時的衝動，有計畫的犯罪等等，這種古典的犯罪學上的用語，在這裡用不上。

因為這種犯人，可能沒有偷腳踏車的意識。跟爬山者以為那裡有山，所以要爬的心態一樣，他們認為這裡有可以代步的腳踏車，因此要予以利用。

當警察很嚴肅地正告訴他們：這種行為是竊盜也就是小偷時，大部分人的表情是呆然若失。

甚至於有人說，我把它擺回原來的位子不是就沒事嗎？

不錯，「使用竊盜」並非竊盜這種德國法學的想法，日本刑法學界也接受。但這是「做了壞事而厚顏無恥」的典型。雖然有人說「小偷也有三分之理」，但小偷還是小偷。

隨便拿別人東西去使用，此種行為之反社會性、反道義性，應該受到嚴厲的批評和責難，對於生活在這樣富裕的日本的青年，要令其深深體會這一點。

以上是警察朋友告訴我的故事。

「葉隱檢查官」

二次大戰結束後沒多久的一九四五年八月二十二日，有一位檢查官從宗谷海峽的南方往北方，亦即從北海道往庫頁島出發。

這個人，就是樺太（庫頁島）豐原地方裁判所檢事局次席檢事（副主任檢查官）野中光治。

野中檢查官出生於一九〇七年，東京帝國大學畢業之後，擔任檢查官。

他於七月二十三日被任命為庫頁島的副主任檢查官，戰爭結束那一天即八月十五日，離開東京，前往庫頁島。

當時，庫頁島已經被蘇軍占領，非常混亂，毫無正確的情報。

而只傳聞：日軍已被解除武裝，成為俘虜，官吏和重要的民間人士被扣留，婦女隨地被強姦。

這個時候，中野檢查官毅然渡過宗谷海峽。

日後他說明了當時的心境，不是為悲壯和英雄的心情所驅，而是認為協助主任檢查官，使職員安全撤退乃是自己的任務。

由他臨走時告訴眷屬，要覺悟一、二年看來，這不是臨機一動的說法，而是經過一番思考之後的敢死行。

此外，他又說，他不喜歡被人家視為懦夫。

發生萬一情況時，他將聽天由命決定自己的進退。他真具有「葉隱武士」（葉隱係躲於樹葉之間之意—譯者）的氣魄。

他到豐原與主任檢查官會合，忙於檢查局的關閉和與蘇軍的接洽事務，而於十二月三十日被蘇軍扣留。

戰後前往庫頁島的他，究竟犯了什麼罪，一概沒有說明。

爾後，他經由伯力，遠至歐俄的哈薩克，轉往各地，過著收容所的生活。

迨至一九五〇年，他才回到祖國。

他熬過了饑餓、酷寒和重勞動。

對他而言，臨時炮製之自稱共產主義者的所謂民主團體的清算大會的清算，最為難堪。

領導者一喊打倒天皇制，消滅保守反動分子，同路人便爭先恐後地上台，大叫同樣的口號，高級軍官也隨聲附和。

他說，他看到了人最醜惡、最卑鄙的一面。

他無論在何時、何地，以法學家身分，一直主張蘇聯之侵犯日蘇中立條約和扣留民間人之不當。其遲遲未能回國，原因在此。

惟值得他告慰的是，在收容所，他遇到了末代皇帝溥儀，和同樣被扣留的年輕日本護士聊得很愉快這件事。

回國後，他又擔任檢查官，出任過各地主任檢查官，於一九六九年，廣島地檢處主任檢查官任中去世。

我跟這位大前輩是網球的同好，以上是根據他所談而寫成。

與消防隊員的邂逅

他們是非常有朝氣的年輕消防隊員。在這個世界，愈活潑者愈能幹。他年紀輕輕，卻在頭目之下擁有幾個手下。

有威勢者，往往脾氣不好。馬上會出手。為工作，警告同事是沒有問題的，但如果對旁人這樣做，則立刻會發生問題。

工作一結束，大家便一起去喝酒。一喝酒，其威勢愈來愈猛。最後是打架。跟他打架的都倒霉。轉瞬間，二、三個人被他打倒了。

他遂以傷害現行犯被逮捕，並送到檢查署。

在人手極端不足的今日，像他這樣的人，是非常重要的戰力。

其頭目到處謝罪，給一點錢，設法和解。

事實上，他傷害人家，這已經是第三次。其經過都是一樣。一發生爭吵，他便出拳頭，使對方受傷。前兩次皆由頭目奔走，成立和解。第一次是不起訴，第二次為罰款。

他被檢查官盤問時，低著頭，好像很反省的樣子。

惟和解已經成立，故他以為這次也同樣可以罰款了事。他的言行顯示了這種跡象。

他的父親從故鄉來看檢查官，並說，他的兒子滿孝順父母，是個溫和的孩子，惟不知何故，容易發怒。

父親是某新興宗教很熱心的信徒，因為擔心兒子，而教他兒子也信教，但沒有效果。他怨嘆宗教也無力。

他毫不關心其父親的悲傷。他關心的是工作。他主張既然成立和解，請能早日釋放他，因為他擔心已經著手了的工作的安排。

聽他這樣說的檢查官，決定予以「起訴」，以便在公開的法庭裁判，俾使他領悟其所犯之罪的嚴重。

在眾人環視之下，挨揍、腳踢的被害者，其心靈上所受的傷害比身體上的傷要深的多。他有與被害者分擔此種痛苦的義務。

簡單罰款了事，對他有害。從前是輕傷，沒太大關係，但萬一發生更重大的事件將是如何？

對其父親的愛，毫無回應也絕不可以原諒。對他，實在有施以壯士斷腕般的外科治療的必要。

他在拘留中被付諸裁判，並被判緩刑。

此種處理，對他人發生了怎樣的影響？以為這樣做好，不一定會產生良性的效果。

對檢查官而言，他也有無數的煩惱。沒多久，他來看檢查官。

「家父拚命催我來看檢查官，不得已我來了」，他微笑著說。檢查官也隨之笑笑。大概沒關係了。

他說，他最近要結婚。

檢查官若無其事地問了他結婚的時間和地點，並決定以個人的名義給他個賀電。

國民的公僕

以「佐川事件」為契機，日本全國彌漫了不信任政治的空氣。事實上，任何民意調查，絕大多數的人都說選舉要棄權，對政治絕望，沒有防止貪汙的方法等等。

每一次檢舉大規模貪汙案件的時候，國民都怨嘆政治的腐敗，表示不相信政治，動員各界有識之士，討論和建議認為最好的防止方法，其中幾個方策且付諸實行了，但都沒有實際效果。

於是作為最後王牌出現的，便是以小選舉區為主要內容的一連串政治改革的嚐試。但我們能期待它的成果嗎？我認為即使實現了所謂政治改革，實際的政治情況恐怕還是幾乎仍然不變。

本來，選舉區制度的決定，與防止政治的腐敗是沒有直接關係的。如何才能正確掌握主權者國民的意思（民意），這是怎樣決定選舉區的問題。但他們卻把小選舉區當作淨化政治的王牌，實在大有問題。

而且，即使制度再好，如果它所賴於存立的基礎腐化，即無異是沙上的樓閣。政治所賴於立足的基礎是什麼呢？就是國民亦即選民。

被選出者是選舉者的一面鏡子。只要看看當選者就可以知道投票者的素質。

自己親自選出他們的代表，而竟絕望並否定這些代表的政治，這是絕對的自我矛盾。在沒有大喊不信任政治之前，我們應該反省作為主權者的我們應該做些什麼。

我認為最重要的是，絕不能選不正派的人。只要認真分析人物、經歷、見識、一般風評，應該大致可以瞭解。作為主權者，必須盡這種責任。

日本人往往這樣想：我既投你一票，你給我服務是理所當然的。因此，很多人便爭先恐後地拜託擔任國家政事的政治家各種事情，並給予報酬。如果這樣做，要淨化政治，簡直是等於百年待河清。

國民是主權者，是主人，政治家是公僕，是僕人。主人怎麼可以向僕人勒索金錢和勞務呢？天下沒有賄賂僕人為他做事的主人。

抨擊政治的腐敗是可以的。但我們要知道：這有如向天吐痰。其抨擊最後會落在主權者自己的身上。在政治上，我們不可以期待個人的「報酬」。既是主人，全國國民，應該捐出貧者的一燈，以為政治資金，盡作為主人的責任，督促我們的僕人政治家，要求其專心於國事。

除非全國上下具有此種氣魄，不可能建立名符其實的民主政治。

「先生」之死

被事件連累，「先生」死了。這發生於大都會的一隅「貧民街」。晚上，貧民街的人幾乎全都喝醉酒了。前街後巷，便宜酒店，盡是人群。會使人幾幾變成聾子的噪音，不習慣者必定感覺頭痛。

在這一隅，家常便飯地，喝醉酒者之間開始糾紛。這跟小孩玩耍一樣，不會真正打起來的。這是貧民街的一種「習慣」。

但，這次不同。

被調戲的人，真的生氣了，並揍了對方。這個人住進這裡不久，故可能不懂得此地的習慣。很不幸的是，「先生」剛剛經過現場。

不「管」人家的事是這裡的絕對原則，像「先生」這樣的人很少。「先生」的性格是不能不「管」這種真打架的。因此要予以勸止。

通常，一看到「先生」，大家都會安分守己起來，停止打鬧，但這個年輕人不認識「先生」。因而把「先生」推開。突然被推的「先生」，倒在二、三公尺前面，碰到頭，當場死亡。

貧民街的人都為他的死悲傷、流淚。

「先生」是五十歲左右。在這裡住了大約十年。跟大家一樣做用體力的工作。經常笑瞇瞇地，和藹可親，而且什麼都懂。只要問他，他都會很親切地告訴你。此時他的口吻，有如課堂上的老師。

因此大家都叫他「先生」（日語的先生，是真正的先生，特定的職業譬如一切民意代表、律師、會計師、醫師、作家、教師，不分男女，統統稱為先生—譯者），沒有人知道他的真名和經歷。他為大家所敬愛和尊敬，不知不覺之中過了十個年頭。

這個「先生」突然死了。年輕人以傷害致死罪被逮捕，並開始搜查。但被害者的「先生」的身分完全不清楚。他來自何處，這樣的人，幾歲，刑警在貧民街到處查詢，但都沒有人知道。也沒有什麼遺留品。只有一件蠻不錯的上衣，和身邊的日常用品。

沒有工作的「先生」，天天穿著這件上衣到圖書館看書。上衣口袋裡有一張舊照片。大概很珍惜它，所以沒有任何折紋。

這是一張三十多歲的「先生」和二十多歲的年輕女性的合照。年齡上雖然有些差距，但看起來像是一對夫妻或情人。

可愛的女性緊緊靠著「先生」，「先生」也很溫暖地包容她。照片上兩個人的背景是一座不高級的木造公寓。好像是大都市工商業區的公寓。

可能是晚秋寒風吹著，故女性的頭髮有點凌亂。一隻野貓，從快要塌下來的牆上望著他們兩個人。風景雖然荒涼，但照片上的兩個人顯得很幸福，滿臉笑容。

照片上有一個小小的公寓門牌。將其門牌放大，請專家鑑定結果弄清楚了公寓的名字。以這個門牌為線索，終於找到了公寓所在地。一問，幸好公寓主人還記得他們兩個人。

十多年前，他倆在這座公寓住過兩三年。男的做工，女的打工。因女的車禍死了，不久男的不見蹤影了。他從哪裡來，到哪裡去，都不清楚。

公寓的經營者是北方人。他說：這兩個人講話帶有些北方的口音，聽過他們說是出身北日本。因為他們講的地方很特別，所以公寓老闆記得很清楚。

於是附上搜查委託書和照片，寄給該地的警察署（分局）。但沒有一個警察看過這兩個人。因此這張照片擺在刑事組一陣子。

該地警察署回答說：「所照會之二人似未在警察署轄區內住過」，並將搜查委託書寄回都市的警察署，這個文件呈到署長那裡。

平常，不是特別重要的這種文件，署長是大多不甚過目的，惟當時署長剛剛好有空，因此看了那照片而有所感覺。

年輕的時候，署長在這個警察署服務過，並碰見了這兩個人的事件。對署長來說，是絕對忘不了這兩個人的。發生這事件時候，滿街都在談論他們兩個人的事。

因為是一個小鎮，所以無論在工作崗位上、學校或家庭，都天天在悄悄談這件事，警察署裡頭也是如此。

男的是當地高中的老師。長得蠻帥，瘦瘦的身材，擅長運動，為人親切，獲得家長信賴，為學生所歡迎，尤其為女生所敬愛。他已婚，也有兒女。

女的是該所高中的女生。他們兩個人的關係，從沒人知道。有一天，這兩個人突然不見了。經過好幾天以後，才知道他們是私奔。

從此，才傳出他倆有許多可疑的言行等等說法。女生常以熱情的眼神瞪著老師。老師雖然裝沒什麼，但在運動會女生受傷時老師改變了臉色。……

有人說：「在北海道與本州的聯絡船上看過好像是這兩個人，此時署長奉命查明這件事，結果他認為本案是私奔，沒有事件性。」

從此以後，兩個人的下落，完全不明，現在又「復活」了。於是這個小鎮的人又開始談論這兩個人的事。得到警察的聯絡，「先生」的老父母到東京去領取遺骨。

兩個年齡不小的女性也同行，一個是被「先生」遺棄的太太，另一個是與「先生」私奔之女的母親。

她們在警察署接受了簡單的詢問之後，恭恭敬敬地向辦案的檢查官道謝，然後到檢查廳去再三鞠躬，表示謝意和歉意。太太和母親的態度是非常誠懇的，雖然他們多年來怨恨「先生」。

她們心中一定還想念著「先生」，這樣使人想念的「先生」到底是怎樣的一個人。年輕的檢查官一直想問這個問題。

如何看穿現代的鍊金術

定員兩千人，但卻招募大約五萬會員，作為入會預託（寄存）金，集共計一千億日圓以上的「茨城高爾夫球俱樂部」，以詐欺和違反所得稅法的嫌疑被檢舉，目前正在審判中。每次發生此種事件，大眾傳播媒體都大肆報導，詳細解說其欺騙手法，並呼籲大家提高警覺。

但只要有貪心人，這種事情是不會絕跡的。

這種現代的鍊金術師的開創者是，一九五三年「保全經濟會事件」的伊藤斗福。他以安全可靠、絕對有利為號召，保證年利有二四%。他呼喚一般大眾出資，作相撲廣播的廣告客戶，大力宣傳，在國家預算一兆多日圓時代，竟從十五萬人籌措了大約四十五億日圓。

這是虛業的典型。它以出資金額作紅利，買空賣空，當然非倒閉不可。伊藤等幹部，遂以詐欺罪被逮捕和起訴。於是無數的人受害。

以這個事件為契機，日本國會便制定了「出資法」，禁止有以高利為餌宛如銀行向大眾集資的行為，但鍊金術師還是不絕跡。

「東京大證事件」是以票據貼現，「東京畜犬事件」係以種牡犬的飼養，「日本建設協會事件」則以共同經營公寓為藉口，保證年利一二至一四%的紅利，集出資者，不久就倒閉。而其最高峰是一九八五年的「豐田商事事件」，它的手法極其高明。它賣出黃金，但出售黃金時，以保管黃金的方式交買主保管證書，以借用其黃金的代價，年率支付一五%左右的利息。

這些虛榮的尖兵亦即推銷員，是專業集團。這些人集合在專門提供主意的鍊金術師手下，推銷商品，一發生問題，他們便雲消霧散。另外一個鍊金術師一出現，他們就去為他推銷商品。他們大約可以獲得營業額的二、三成。所以這種事業當然不可能長久。

我看這種犯罪多年，對於看穿可疑的生意似有其竅門。告訴你危險的信號是，年率超過一〇%的紅利，當加警惕。毫無理由走近你，欲作過度幫忙的人是有問題的。對於以安全可靠為口號，作浮華宣傳的，要特別留意。想自己搶先多賺幾個錢的，最容易受騙。

我審問被認為是稀世大騙子時，我問過其秘訣。他稍微思考之後說：「要使對方相信謊言之前，自己要先相信這個謊言。這樣，講的時候自己才會逐漸感覺理直氣壯，並沉醉其中。否則是騙不了人的。」換句話說，他們也在拼命「工作」。因此，我們要領取過去的教訓，以養成能識破「美麗謊言」的眼識。

陪審

我看過《十二個憤怒的人》這部電影。這是以美國的陪審制度為題才的作品，有人稱讚它是美國良心的顯現。

事件是殺人，被告為十七歲的少年，他主張無辜。

調查證據、求刑與辯論之後，十二個陪審員聚於一室，以決定有罪或無罪。

所有的陪審員都是普通的市民，如檢查官的求刑，大多認為被告有罪。他們都有工作，有家庭，希望早點完成陪審員的義務，趕緊回家。

投票結果，十一人認為有罪，一個人以為無罪。陪審以全體一制為原則。主角是亨利．馮達，他開始說明無罪的理由。其他的陪審員因很想早點回家，所以很不耐煩地聽著。

亨利．馮達一個一個考量證據，以指出其有問題。很有耐心而不屈不撓地一直說服，終於使大家都贊成，全體一致投下無罪的票。

這部電影將美國的陪審制度描繪得淋離盡致。

前幾年的洛杉磯黑人暴動，乃以白人警察對黑人嫌犯施行暴力，但陪審對這白人警察卻決定其無罪所引起。

從錄影帶來判斷，白人警察對黑人嫌犯的暴力實在太過分，但在美國並因此而有反對陪審制度的意見。

不管好壞，陪審在美國社會已經根深蒂固。

受陪審裁判的權利，在獨立宣言是天賦不可侵犯的權利，美國憲法也把它規定為基本人權。陪審制度由來已久，有人認為可以溯及希臘、羅馬時代，但一般人都以一二一五英國的大憲章為起源。

隨市民意識的高漲，為防止國王的專橫及於裁判，選出十二名市民代表，以審判市民自己的伙伴，乃是陪審的開端。

如所周知，美國是由尋求自由天地移民來者所建立的國家。他們絕對厭惡英國國王的權限介入殖民地的裁判。因此他們要自己裁判自己的伙伴，陪審起源於此。

日本也有人主張引進陪審。

簡單來說，這是自己伙伴所犯的事不要假手上面而由自己來裁判，還是由經過高度訓練的職業法官來裁判比較可靠的問題。

對於陪審，有人認為普通人容易為感情所左右，對證據的判斷不夠敏銳，極易受檢查官或辯護人演說的影響；而對於職業法官的審判，則認為游離國民感情，往往會陷於專家的自以為是。

世界上，根本不可能有十全十美的制度。有正面，必有負面。而且，裁判制度與一個國家的歷史和風土是密不可分的。

要把美國人在漫長的歷史之中，所建立他們認為最好的制度，原封不動地移植過來，到底能不能生根結果，值得我們深思。

《JFK》

去年，《JFK》這部電影，曾經轟動一時。這是將加理遜著《JFK—追甘迺迪暗殺犯》拍成的電影。

一九六三年十一月，甘迺迪美國總統被暗殺時，加理遜是紐奧良州的地方檢查官。美國的地方檢查官，相當於日本的地方檢查廳的首席檢查官，係經由選舉產生。

關於甘迺迪的被暗殺，一般認為是歐茲華爾特的單獨犯罪，美國政府也採取這個立場。

加理遜檢宗官很早以前就對這種說法表示疑問，並獨自進行調查，而寫成了《JFK》這本書。

根據加理遜的說法，甘迺迪的暗殺是由美國情報單位所策劃，在現場且配置了複數的暗殺犯人。

加理遜不僅這樣主張，而且於一九六七年，逮捕了名叫克雷．蕭這個人，並予以起訴。

其起訴理由說：「被告蕭，與歐茲華特等人，故意和違法共謀殺死甘迺迪。」但從《JFK》這本書，我們找不出任何證據。

它只是這樣指出：暗殺甘迺迪那一年的夏天，有幾個人看過前往紐奧良的歐茲華爾特與蕭見面，其中一個人說他目擊蕭把錢交給歐茲華爾特，發生暗殺事件之後，有人以克雷．哈特蘭的名義請律師替歐茲華爾特辯護，這個人就是克雷．蕭。

蕭完全否認這些事實。此外，雖然有證人說他曾經聽過蕭和歐茲華爾特等在談有關「暗殺甘迺迪」的事，但在第三者面前公然談這樣重要的事是不可思議的。我不相信情治單位的人會幹這種傻事。

如果真的CIA（美國中央情報局）利用蕭和歐茲華爾特計劃並實行暗殺甘迺迪，這種做法實在太不高明了。情治單位一定會幹得漂漂亮亮，一點痕跡也不留。

加理遜檢查官深信蕭有罪。他說，在裁判當時知道蕭是CIA的秘密工作人員這個事實的話，一定可以使他有罪。

但他的所謂證據，在裁判上，只是幾乎沒有什麼意義的事實的羅列而已。

如果是外行人的推理，還情有可愿，但在內行人的世界，證據是一切。陰謀殺人罪如果成立的話，一定是死刑。加理遜檢查官只以這樣薄弱的材料擬治克雷．蕭以死罪，未免太「粗心大意」了。

因此，此事件之獲判無罪是理所當然的。

加理遜檢查官自負說，蕭裁判是美國實現正義的第一步，但另一方面卻有人認為以這種程度的證據來起訴一個老百姓，是為了「賣名」（沽名釣譽）。

據說加理遜已於最近去世了。

大腦手術

二十幾年前去世的家母，與設立制度的同時，被任命為民生委員、保護司和婦女相談員（相當於輔導員—譯者）。家母可以說是最早的服務員。

有老少男女各種人，來我家請教母親意見或請求協助。但家母從不告訴家人他們來商量事情的內容。

套用今日流行的話，則尊重人家的隱私權。

但有一次，在家人吃晚飯時，很意外地家母以極興奮的表情，談起她正在處理的一件事。這是關於當時在街內屈指可數之亂來的一個不良少年的事情。

他是貧窮的母子家庭的獨生子。母親在一家店做打雜的工作，以養活兒子。但他本身卻不但不工作，一天到晚，帶著手下到處晃，並專搞壞事。敲詐、勒索、打架、偷竊、無所不為，並曾多次被告到警察。可能性格異常，也會對母親施暴。

根據這個母親的說法，到官廳去商量，結果他們主張動腦的手術，並說一經手術，有亂來的人也會變成跟豬一樣。

現在回想起來，這正是大有問題的「大腦手術」。

包括這個母親，有關人員都很贊成，因此這個胡來的傢伙將開他的大腦。

大腦手術，在當時被認為是劃時代的治療方法。

有一天，他母親來跟家母做了一次長談。

她說：「我想了好幾天都沒睡。小孩是祖先給的。他變成那樣壞，是因為我教導不好。把母親的責任推到一邊，而要開寶貝兒子的腦袋，我絕對反對。」

由於這個母親的堅決反對，終於沒有開刀。

家母邊說這件事，邊哭。再擦眼淚，眼淚還是流個不停。我們也哭了。

日後，家母鼓起勇氣，將這件事告訴這個問題少年，這無惡不作的他，竟嗚嗚放聲大哭起來，說到這裡，家母又開始哭了。

家母是戰前的小學老師，很是嚴格。

當然，家母曾把這個問題少年和幾個犯罪者，叫到家裡，令其站在玄關前，給予教訓，這些人拼命點頭，我曾經好幾次看過這種光景。

我偶爾回家鄉，看到已經六十多歲，過去曾為問題少年的他，現在為街內頭目，氣概軒昂地處理各種事情，而邊苦笑，邊感覺家母的一點心力，在這北國的大地生了根。

罪與罰

就前眾議院議員稻村幸漏稅的案件的裁判，檢查求刑三年六個月有期徒刑，罰款五億日圓。對這樣的求刑，到底是重還是輕，一時成為話題。其漏稅金額為十七億日圓。以個人漏稅，算是史上第八位。結果稻村被判三年四個月有期徒刑。

同一個時候被起訴的不動產業者竹井博友的漏稅額是三十三億日圓，史上最高，他被判刑四年有期徒刑。前自民黨副總裁金丸信漏稅十億四千萬日圓，被起訴中。（結果被罰款二十萬日圓了事—譯者）（譯注）

對於被告稻村的求刑中，檢方說：「漏稅損害負擔稅的公平，侵害國家（政府）的課稅權。在今日這可以說是自然犯罪的犯罪，對國家（政府）的詐欺罪。」所謂自然犯，如殺人、竊盜、詐欺，其本身是反道義的犯罪。反此，如違反交通規則，由法律宣布禁止才算是犯罪者稱為法定犯。漏稅本來算是法定犯。

但在對漏稅行為的社會責難日趨高漲的今日，檢查當局便認為漏稅應該視同自然犯。

從前，違反選舉法和漏稅，即使被起訴，幾乎沒人被判服刑的。

大家都在做，這種日本特有的感覺支配著整個社會，因此法院不大喜歡判決嫌犯以不緩刑。今日，違反選舉法判決服刑者還是不多，但漏稅者宣告不緩刑卻增加很多。

最近，殖產住宅事件、明電工事件、老鼠會事件的關係人，因漏稅二十億日圓以上而被判刑三年前後的有期徒刑。去年，有二十七個此種案件被判徒刑。

國稅當局向檢查廳檢舉的件數，一年大約有一百五十件。全國的查察官（調查官）為一千人左右。

要辦完一件漏稅案件，非常費事。幾十個調查官、許多檢查官和檢查事務官，要花好幾個月於暗中調查和審問。檢查和整理幾十個紙箱的帳簿、傳票、收據等證據。其文件有時候高達幾公尺。

所以，必須重點式地追究巨額的惡質違法事件，從一罰儆百的觀點要課以重罰。但漏稅犯不一定都是壞人。

有一對經營小小花店的夫妻，因為實現了開店的夢，故日以繼夜地努力工作，因而很賺錢，而且有了小孩。這個小孩是重度腦性麻痺的障害者。父母在世時當然可以給予照顧，但離開人間以後怎麼辦？只有留下錢給小孩。

夫妻咬緊牙根拼命工作，當然沒繳稅。後來為稅務當局查得，秘密存款一億多日圓，被追繳。繼而是吃上官司。

在審問室，父親茫然自失，有如夢遊病者。但母親很堅強。她倨傲地說：「即使是神，也不會處罰我們。」

檢查官不知如何是好，而只自言自語說：「但法還是法」。想到這對夫妻，我希望對貪巨利而漏稅者予以重罰。

（譯注）關於此案，請參閱拙著《日本當前政情—一九九二—一九九四》，水牛出版社。

貪汙的本質

一九九二年一月十三日，前北海道、沖繩開發廳長官、眾議院議員阿部文男，因受託收賄嫌疑而被逮捕（譯注）。從瑞克魯特事件的逮捕還不到三年。為防止再度發生此種事件，目前正在討論。但我的感覺是：「又來了」、「貪汙將滅國」。

有一個時期，猶如燎原之火燃燒擴大於世界的革命風暴，實來自體制的腐敗和墮落。大部分的開發中國家，都為著貪汙官吏的橫行而在煩惱。

貪汙的歷史相當源遠流長。

猶太王送禮給敘利亞王，要其從背後襲擊同族的以色列人民，這是幾千年來猶太民族之悲劇的起源。漢高祖親征匈奴反而被包圍時，曾經送禮匈奴王的妾而令其撤兵。

公務員的清廉是維護國家社會秩序的起點，公務員如不清廉，政治勢必得不到國民的信賴。

在日本，與國會議員有關的貪汙案件，相當普遍。

從以往的「昭和電工」、「造船疑獄」，到最近的「瑞克魯特」、「佐川」以至「綜合營造廠商事件」。

每次檢舉這類事件，便召開審議會或賢人會議，提出防止再度發生的方案，其中且實行了一部分，但還是不能根除貪汙。如果有指政治家的油的選民，那是太不應該了。

在另一方面，政界如果認為政治既然需要錢，籌措無限制的金錢是一種必要惡的話，要消滅貪汙是不可能的。

日本一般公務員的清廉是大家所公認的。一九九一年的收賄被檢舉人數只有一百三十八人。

也許還有不少沒被發現，但從幾百萬的公務員人數來看，這是微不足道的。但從國會議員的地位和職責的重大來說，每幾年就發生貪汙事件，真是遺憾。外國人或許認為日本是貪汙的天堂。

政治需要金錢可能是事實。若是，應該將議員現行的歲費增加幾倍，規定一定數目的事務所和秘書，其費用由公家負擔，此外一切禁止。為此，應該給國會議員免稅每月一千萬日圓的政治活動費的待遇才對。

但要課以公開包括其家族的收支和資產。股票、不動產等的買賣和兼職，原則上要禁止，要求議員專心於國會活動。

其次是貪汙案件的裁判，必須速辦速決。在大家很關心的時候，能夠予以判決，弄個水落石出應該是防止再度發生貪汙事件的最有效方法。盼望辦理有關貪汙案件之裁判人士的再接再厲。

但不管有怎樣理想的制度，鑽法律漏洞是人情之常。淨化政界的關鍵還是在於議員和選民的心。

（譯注）關於此案，有興趣者，請參考拙著「當前日本政情—一九九二—一九九四」，水牛出版社。

棟樑三十年

他的年齡是五十五歲左右，職業是木工，工夫很好，工作實在，故風評不錯，人品也不差。他雖然寡言，但經常笑瞇瞇地。大家叫他為「棟樑」而很尊敬他。

他有非婚妻子（日語稱為內妻），但沒有兒女。不喜歡出風頭。對於慰問老人院特別熱心。他常常帶些季節的產物到老人院，聽聽老人家吐吐苦水，順便替他（她）們做些木匠工作。老人院要送他感謝狀；但他都婉拒。

這個棟樑到附近比較大的城市時，在鬧街與他擦肩而過的人說了一聲「哎呀」歪著頭，並回頭看他的背影。

這是三十年前的事情。一對強盜曾經橫行某一地方。不但搶，更傷了人。

這兩個人被逮捕以後，主犯判十五年，手下處十年有期徒刑，後來上訴，在審判中，主犯生病，住進醫院。奉命監視的是就任不久的年輕檢查事務官。

主犯很巧妙地從醫院逃跑，事務官受到上司嚴厲的申斥。這個不願，一直到升課長，快要退休，仍在他心頭。雖然盡了一切努力，但還是不知其去向。幸好，因為在審判中，故無時效。

共犯的手下出獄之後，重新做人，工作也很順利。

課長很想得到一些線索，而一直跟他有所接觸。這個手下趕緊告訴課長說他看到他的共犯。

課長樂得幾乎要跳起來，趕快大量印做了通緝照片，分給目擊主犯的那一帶警察。由於是三十年前的照片，所以是否有用不敢保證，但不久就有回應了。

警察署的一個很熱心的警察，將這張照片看來看去，結果想起了住在這個小鎮彷彿見過的棟樑的臉。

棟樑遂被逮捕，課長親自去領取。課長的心情無異是一個情人一日千秋等著這一天之來臨的心情。

但到達現場，由於非常文靜的五十多歲人，以很和藹的態度恭恭敬敬地面對課長時，課長的興奮心情，突然雲消霧散了。

棟樑侃侃而談過去的三十年。逃跑、流浪各地，一個一個地換工作，好不容易落腳此地。一天到晚留意人家的眼神。不跟任何人深交，故沒有朋友。不多嘴，絕對避免跟人家發生糾紛。因此自然而然地變成木訥內向，態度漸漸鎮靜下來了。惟因為沒有戶籍，故不能有家族。好幾次很想自首，但最後還是下不了決心。

「我最關心的是在家鄉的父母的起居。我有時候假裝打錯電話到家裡，聽聽父母的聲音。因為不能為自己的父母盡孝，所以我很賣力於老人院的服務工作。」

課長默默地聽著多年來自己所追究的兇犯追述往事。課長真是感慨萬千。

網走監獄的冬天

以《網走番外地》馳名的網走監獄的正式地址為：「北海道網走市三眺官有無番地」。從後面的三眺山，可以望著網走湖、能取湖和鄂霍次克海。因而有「三眺」之名稱。

網走監獄於一八九〇年（明治二十三年），作為「釧路監獄署網走囚徒外役所」而創立。服刑者被驅使於馬路的建設工程，因此死了不少人。其附近建造了弔祭其靈的「鎖塚」。

可能有人以為這所監獄關的是被處長期刑犯的兇犯，但其實不是。他們是屬於B級，刑期未滿八年，年齡二十六歲以上，犯罪向比較厲害者。目前大約收容五百人。

其房屋於二十年前改建過，故變成明亮而乾淨。從前任何監獄都有的那種特別的「味道」，現在完全沒有了。這可能是由於全部改成水沖式廁所，增加洗澡次數，提供乾淨的內衣等等所導致的結果。房間的溫度都保持在十八度C以上，服刑者在內衣上只穿一件囚

衣。「番外地」，早已成為過去的名詞。（番外地在從前的日本，是「恐怖」的代名詞——譯者）

他們的伙食，一天二五〇〇到三二〇〇卡羅利（熱量），副食也有三樣左右。飽食時代的餘波，似乎也到了這種地方，所以常常有人吃不完。

服刑者的作息情況是，六點四十分起床，七時正早餐，七時四十分開始做工，十一時四十分午餐，十二時二十分再開始上工，十四時二十分結束做工，十六時五十分晚餐，二十一時就寢。

全體服刑者，分成木工、縫紉、金屬加工、紙工業、農業、牧畜、窯業等各工作場工作。他們井然有序的工作場面，實在很令人感動。他們很認真地在工作，我們可以看得出來他們寓喜悅於工作之中的情況。

甚至於相當困難的工作，他們也很能勝任，問他兩三個問題，也都能立刻作正確而專門的回答。這些人的大部分，一出去社會，即為可怕的黑道團體的成員，實在不可思議。

從能夠瞭望廣闊監獄內部的高處監視所，對整個監獄響來「沒有情況」的嚴肅聲音。外面是將近零下二十度，下著小雪。在監視所的是高中剛剛畢業的最年輕刑務官。監視者和被監視者，都很認真地在「自求多福」。

但大部分的服刑者，一出去，便直接回到他們的黑道組織，再度犯罪，重回「舊巢」。這是一種很冷酷的事實。

這裡我列舉服刑者所作之詩的一節。

母親突然去世那一天
我悲傷非常不知所措
無限憤怒驅我登上山
那裡充滿柔軟的陽光
那時我發誓重新作人
但今日我卻又在監獄

「除臭劑」

「完全犯罪」（完全不被發覺之犯罪，即完全成功之犯罪—譯者）是殺人者的一種夢。但這種夢能夠實現多少成，沒人知道。

奧飛彈的山很深。初春仍然相當寒冷的季節。從村莊周圍的山，冷氣吹下來，便全面是霜。

這樣氣候的一個早晨，在種植蔬菜用的塑膠房屋裡，這家的主婦死在裡頭。死因是一氧化碳中毒，沒有外傷。那是很小的塑膠房屋，裡面放著保溫用的火盆。主婦似乎在巡視塑膠房屋時倒下來的，被以為進去之前疏忽更換空氣所造成的悲劇，故被認為「事故死」（因事故而死）。

此家是村裡屈指可數的世家。四十多歲的家長是當地高級工業職業學校的出身。很有人望，夫婦感情也不錯。因此舉行了很盛大的葬禮，村莊也恢復了平靜。

可是，沒多久，發現了很意外的事。

在幾個月以前，有人一連串地為這個太太，分幾個地方一共買了幾千萬日圓的保險。

這就有問題了。

馬上開始調查先生的身邊，結果發現他買賣股票賠很多錢，有幾千萬日圓的負債。

但殺害的具體方法不清楚。他究竟是怎樣將其太太誘入充滿CO瓦斯的塑膠房屋的？

檢查官也參加了幾次搜查會議，但想不出殺害方法。搜查陷於停頓。

檢查官有一位高中時代的同班同學，在擔任此地大學工學院的副教授。

有一天這位副教授訪問了他的辦公廳，兩個人隔著桌子閒聊。

桌子上，有關這個事件的資料雜亂地擺著，裡頭有嫌犯即主人的照片。

副教授偶然地看到這張照片，一直沒動。旋即自言自語說「沒有氣味的人」。

二、三個月以前，有一個自稱刑警訪問了副教授的研究室。他說，為搜查上的需要，正在研究怎樣抽掉CO瓦斯的臭味的方法。凡是稍有化學知識的人，都能夠製造CO瓦斯。原來，無味、無色、無臭的CO瓦斯，因做法的不同，可能會有臭味。惟因責未想過抽掉臭氣的問題，因此建議他說，可以試用冰箱的「除臭劑」。

副教授斷言說，那個人就是照片上的人。

副教授很迷推理小說。他抱著胳膊，深思著。過一陣子之後說：

「一定是這個樣子的。這附近，大房屋裡的作業都要戴瓦斯口罩。他暗中利用它來作案。首先製造CO瓦斯，為避免他太太懷疑，以除臭劑抽掉臭氣。然後把它放進口罩上聚乙烯袋子裡以取代空氣，將其安裝於口罩的吸入口。他叫不知情的太太戴上這個口罩。太太覺得戴口罩比更換空氣方便，因而戴上口罩進入塑膠房屋，這樣幾秒鐘便倒下來。然後把太太的口罩拿掉，便能夠達到完全犯罪的目的。只要能夠查出在什麼地方買的口罩和除臭劑，便能夠破案。」

這是正確的解答，因此主人以殺人罪懲處。

女檢查官彈琴時

由賀來千香子和桃井加奧莉（加奧莉是平假名音譯）所扮演的女檢查官，在電視上非常活躍。在日本，全國大約有五十名女檢查官。從法務省部長（司長－譯者）到一年級檢查官，範圍相當廣。第一位女檢查官是門上千惠子（現在執行律師業務），也有擔任地檢處副首席檢查官的。

一提到女檢查官，或許有人會連想其為男性般，其實與一般社會一樣，既有溫柔的美人，也有女傑（女英雄）。

其中的一位，派在某地檢處，任官三年的女檢查官，與賀來檢查官有點像。二十歲後半，未婚。她在念大學的時候就考取了司法官考試。運動什麼都會，彈起鋼琴不遜於專業者。

考上司法官考試以後，她曾在司法研修所受訓兩年。研修所之檢查官的教官是很特別的。談笑風生、文學、歷史、藝術等等，一切皆為教材。

她逐漸認識社會，於是很想向社會的各種矛盾挑戰。因此志願當檢查官。

她對教官表示想做檢查官，教官說：「妳怎麼能當檢查官？」理都不理。不過教官又說如果知道其理由，也許可以。

有如禪的問答，而還沒有釐清這個問題以前她就當上了檢查官。

最近，她由審判部門調到搜查部門。女檢查官大多在審判部門。上司雖然說「審判是檢查的臉。最適合女性」，但真正的意思可能是說女性不宜擔任搜查。所以她特地要求要從事搜查工作。

搜查是與嫌犯的白刃相接，是絕不許「偷工減料」的。雖然很緊張，但天天感覺非常充實。

今日以告到檢查廳的恐嚇事件而逮捕了暴力團體的幹部。它是威脅農民，奪取土地權利證的事件。

這是她第一次執行逮捕。因此念嫌疑事實的聲音有點尖銳，拿拘票的手有些發抖。旁邊的檢查事務官，好像要說「檢查官加油！」的樣子。

面前的人，以非常討厭的眼神瞪著她。

逮捕後的調查也不順利。以為女性，而予以看不起。與上司的副首席檢查官商量，忠厚的他只說了一句話：「不要有自己是女性的意識。」

此時，她突然想起了研修所之教官所說之話的意思。只要有覺得被對方看輕的意識，則絕敵不過對方。換句話說，此種感覺與因為是女性，沒辦法這種撒嬌意識是一體兩面。

這個事件的搜查成功，起訴了疑犯。她以很興奮的心情去報告首席檢查官，上司稱贊說「好，好」，但卻令她感覺似乎省略了「作為女性」這句話，而覺得很不愉快。以很沉重的心情回到官舍，她開始彈琴。不知不覺之中覺得心平氣和。

「上司所說的話，我應該坦率接受。追究事實，不分男女。一切要靠自己的實力。我要努力於每日的進步。」

鋼琴的聲音，靜靜地響著。

政治改革的本質

「政治改革」成為目前的緊急課題。一推動，便無法停止。如果不能實現，並獲得某些成果，有關人士似大有全部「陣亡」之慨。但我覺得這個問題實有商榷的餘地。

原來，這個問題係以防止政治的腐敗為起點。即每發生洛克裴德事件、瑞克魯特事件、佐川事件等大貪汙事件時，為著防止其再度發生，大家便議論紛紛討論如何才能使政治資金的流程透明化。

但這種「政治改革」，在不知不覺之中卻變成了選舉制度的改革。他們似乎將導致政治腐敗的根源求諸於現行的中選舉制度。

但我認為選舉制度是以怎樣的結構才能把民意最正確地反應於選舉結果的問題，與防止腐敗和消滅貪汙完全不同其層次。

換句話說，投票者的意識和候選人的心態如果仍然不變的話，不管怎樣改變制度，還是不能淨化政界。可是他們還是認為只要改變選舉制度就行，並提出各種各樣的方案。

把這些整理結果，似可將其歸納為單純小選舉區，和混合比例代表制的兩種。但它們皆各有千秋，不能說那一種絕對好。

譬如說，如果採用單純小選舉區制度，據統計，自民黨以四成左右的得票可以獲得整個議席的大約九成。

以防止多數黨的貪汙腐敗為動機而開始的改革，實現結果竟是多數黨獨占議席，這不是開倒車嗎？

本來，單純小選舉區制度乃以旗鼓相當的二大政黨的存在為前提，這樣才能很順利地交互執政。但在支持率四成的大政黨和幾個小黨的前提下採行這個制度的話，其結果將如何，實不言而喻。

因而有人主張搭配「比例代表制」，譬如「並立制」、「併用制」、「連用制」等等，應有盡有。

但說實在話，採用那一個制度將會怎樣，再聽解說也弄不清楚。

無需說，選舉是要爭「輸贏」的。所以要盡量單純和清楚。在這一點，與運動比賽無殊，規則不能太複雜。

為著將決定國家命運的大問題，舉行了請問主權者之意思的選舉，結果究竟那一方獲得勝利，因選舉結構太複雜而很難分辨的話，那是不行的。

而「民間政治臨調」所提案的「連用制」便是其典型。為什麼要故意搞得這樣複雜呢？既然是選舉，死票是難免的。堂堂正正爭雌雄，爾後虛心服從其結果就是民主主義。

我建議：看準這個本質以後，再來研究真正的「政治改革」應該如何進行。

紅色腳踏車

I檢查官買了一部紅色腳踏車。是一部在陽光下閃爍耀眼，華麗無比的腳踏車。

紅色是幾年前因為癌症而去世的太太喜歡的顏色。帽子、洋裝、圍巾、皮鞋、手提包都是紅顏色。為什麼紅色，還沒問清楚以前，太太死了。

I檢查官是四十五歲左右，在政府宿舍的公寓一個人住。他與在東京上大學的小孩，已經分開住好幾年了。做飯、洗衣服，他什麼都自己來。

一見面，親戚、朋友多勸他再結婚，但他都回答「再說吧」。他一個人過得還不錯，唯一的煩惱是太胖。但他天生怕麻煩，不喜歡動。因而他想用最簡便的方法來保持其健康，而得出的結論是騎腳踏車。

買腳踏車，他早已決定要買紅色的。他沒想到騎腳踏車這樣舒適。旁人不知道怎麼看法。他自己是滿面春風，一到假日，他便騎這部腳踏車東奔西走，吹著口哨，充滿人生的快樂。

可是這部腳踏車卻被偷走了。為預防萬一，他用油漆寫上了自己名字和地址，而且上了鎖，把它擺在公寓規定擺放腳踏車的地方。

車站前隨便擺的腳踏車，被人家隨意拿去代步是常有的事。但既不是比特利奧．得．卡西導演的《腳踏車小盜》時代，在這樣富裕的今日，竟有人偷上了鎖的腳踏車……。

老實說I檢查官非常在乎這部腳踏車。太太等於紅色也等於腳踏車，可見其重要性。對「紅」清一色的太太的思念一樣，他不想再買第二部腳踏車。

有一天，他出差幾天回來一看，信箱裡有一封信。沒有發信人名字，但是筆跡秀麗的女性文字。

在有點香味的信紙上這樣寫著：「您的腳踏車，被擺在公園洗手間旁邊，請去取吧。」

可能是偷的人騎了以後，把它丟在公園。看到它的女性因為有地址、姓名，所以告訴他的吧。

其實她可以告訴附近的派出所，但卻「專誠」來聯絡。檢查官感謝其親切，而馬上到公園去。

但公園裡卻沒有那部腳踏車。這是怎麼一回事呢？

如果這封信已經送來了幾天，是否在這期間腳踏車又被旁人騎走了？還是有意的惡作劇？欺人莫此為甚。I檢查官好幾天覺得很不舒服。

公寓附近有法院的官舍，法官夫婦住在這裡。這對夫婦與I檢查官年齡差不多。先生是個忠厚好學的典型法官，夫人為人謙虛、溫順，非常有分寸的人。他倆是標準的夫婦，常看到兩個人在一起散步。

這對夫婦有一個獨生子，正在念高中。他是法官家庭鮮有的問題小孩。端起肩膀走路，穿著又肥又大的褲子，經常與他穿著一樣的幾個伙伴在一起。有時候抽著煙，染了頭髮的幾個女性時或參與其間。

對這個兒子，他們兩個人，一定很頭痛。

這個太太，於前幾天，因車禍去世。她騎腳踏車，在公園附近被卡車撞死。據說，原因是她騎腳踏車從公園突然出來。

I檢查官參加了其葬禮，法官的傷心情形令人不忍目睹。在法官旁邊，這個問題兒子今天老老實實、恭恭敬敬地坐在那裡。好像在哭，而且不管旁人看著終於放聲哭起來了，他似乎是心地很好的普通小孩。

葬禮後過了兩三天，派出所的警員來說，發生車禍時法官夫人騎的竟是那部被偷的紅色腳踏車。腳踏車被撞得已不成型。

法官說，他無法瞭解他太太那時為什麼騎不知道是誰的腳踏車經過那個地方。派出所花了好大工夫才弄清楚車主的地址和姓名。因而警員問說：是不是把那部腳踏車借給法官夫人？

「沒有，腳踏車是被偷走的。」於是警員說：「若是，法官夫人是腳踏車的小偷。這怎麼可能？這到底是怎麼一回事？真是莫名其妙。」說了類似哥倫布刑警口吻的話，警員回去了。

但I檢查官已經得知真相。

「偷腳踏車的是這個問題兒子。可能偷那耀眼的腳踏車，載著女孩子玩。他母親看這太不像話，一定傷心、罵過小孩。如果直接還給車主或報警，必須說出自己兒子偷的。這個法官夫人是不會撒謊的。煩惱結果，寫信送到I檢查官公寓之後，要把腳踏車送往公園。因心情很亂，沒有確認安全就出來，結果被卡車撞到。」

真相應該是這樣。這個兒子當然知道其真相。葬禮時他那樣大哭，就是由於這種原因。

以後在路上，偶爾會碰到這個兒子。但他一點也不流裡流氣了。他變成普通的高中生，脫帽子行禮。

以夫人的生命，換取了兒子的更生。為此，那部紅色腳踏車完成了它的使命，而成為廢物。

I檢查官感慨萬千。

觀鳥

面對街市，坡度小小的丘陵一直延伸到其背後的山麓。在向南的斜面雜木林剛斷地有兩座房子。左邊的高大而漂亮，另外一家又小又差。九月中旬黃昏。這幾天一直好天氣，很悶熱，氣溫相當高。小房子的主人，在他庭前開始籠火。

從後山吹下來的風，好像捲著丘陵，從側面搖晃著附近的樹叢。但不是令人憂心般的強烈。火勢慢慢地大起來。四周的樹林的鳥叫聲愈來愈大。

主人的影子不見了。這時風勢突然變大，籠火的火星隨之蹦開，火煙大向鄰家移動，數不清的火星飛上用稻草葺的屋頂，房屋馬上燒起來了。

主人和鄰家家屬都跑出來庭前，在那裡發呆看著。不久風便停了，消防車趕到的時候，鄰家全都燒掉了。

主人說，籠火中，因突然肚子痛，沒想到會突然颳風，所以不管火就上洗手間去了。這兩座房子所占的土地，全部都是他的土地。

主人一直在都市過著領薪生活，土地沒有利用。因附近的農民來拜託讓他種菜，故主人以要用時隨時還給他為條件，同意這個農民借用。為酬謝主人，農民每年送給錢和蔬菜給主人。

有一次主人順便回到家鄉，在自己土地上那個農民竟蓋了好漂亮的房子，全家人住在裡頭。驚愕不已的他要求把土地還給他，但農民不肯。這個農民甚至主張既然付了錢，他有權使用這塊土地。如果提出訴訟，一定會贏，但不知道要拖多久。在沒決定怎樣解決以前，他退休了。於是在空地蓋了一個小小的房子來住。主人看鄰家，愈看愈生氣。

主人以重失火罪被起訴，並被判緩刑的有期徒刑。

因為本來就是非法占據所蓋的房子，所以農民付了相當的賠款，還了土地。

辦理這個事件的檢查官的興趣是觀鳥。在山野走動，自然會碰到同好，與其成為朋友，聽到各種各樣的事。他很享受這種樂趣。

有一天，他出去散步時，聽到精通失火附近之氣象的老先生的話。在此地，變季節時，從山裡有吹下強風。尤其是初秋時節。好幾天天氣好，白天氣溫超過二十五度的黃昏，強風會有如捲著丘陵從右邊吹過來。

奇怪的是，小鳥好像能預告強風的來臨，故會飛起來叫個不停。老先生說，他曾經將此種現象告訴過兩、三個同好。這時，檢查官突然變了臉色。

主人也說，他的興趣是觀鳥。果如此，主人很可能聽過這位老先生的故事。

「一事不再理」，既然已以失火處罰過，自不能再以同一失火事件來問其罪。檢查官很坦率地寫信給主人，回信只說：「我很佩服檢查官的推理。」

金錢與政治參與

觀光巴士一部一部地來，乘客全體在正門拍紀念照片之後，即走進國會大廈。眼看參觀國會的一行，我有時候會想：這些旅行費用不知道是由誰負擔的。

每次選舉，都有違反者，但其裁判費用和罰款，似不由違反者來負擔。那麼由誰負擔的呢？無須說，是由候選人負擔的。

很多人說：「政治需要錢。」或許是，但實際的情況並不是很清楚。據說，要籌措政治資金非常不容易。如果只靠乾淨錢就夠的話最好，但時或良莠混淆，招來疑惑，因此貪汙層出不窮。一發生事件，便要大聲疾呼政治改革。但無論哪一位名醫，如果不能正確知道其病情，自無從開藥方。

政黨、後援會等政治團體、議員個人，到底用多少錢於何事，這些費用，是否真的為政治活動所必須，如何籌措這些錢和怎樣開支，如果弄不清楚這些事，自然無法提出有效的對策。

有人說，在現行的中選舉區制度之下，只以政策贏不了選舉，必須服務地方。而為消除這種弊端，過去曾經好幾次意圖採用小選舉區制度。最近，小選舉區、比例代表並立制更成為政治改革的主要內容。

在本質上，選舉區制度的決定，與淨化政界和防止貪汙是兩回事。我覺得，採用何種選舉制度的問題，在不知不覺中竟變成防止政治腐敗的問題。

不錯，服務地方很重要，但真正能夠得到其恩惠的只有幾萬選民中的一小部分而已。只是為這一部分的人，要絕大部分的選民理解「政治需要錢」，對這種事寬大，這是說不過去的。

在政治活動上，如通信費、辦公處費、人事費等是必須的經費，如果以目前的歲費還是不夠用的話，應該大幅提高其公家的補貼。

但相反地，公開收支、資產，原則上禁止兼業和經濟上交易是當然的義務。

我認為政黨和政治團體的收入，應以黨費、會費為原則。如果有六百萬黨員，一年繳納一萬日圓便有六百億日圓。為疑惑之根源的企業、團體一時的巨額捐款，應該禁止。至於企業和團體的政治捐款，在一定的金額以下，似可以黨費或會費的形式捐獻。

最後，站在國民的立場，我們不要只怨嘆政治的腐敗，攻擊貪汙，這是無濟於事的。我們應該自動參加政黨或政治團體，負擔量力的黨費或會費。

捐出一部分錢，才算是真正參與政治。

銀行的原點

在一家銀行的小分行，發生了「盜用侵占事件」。被逮捕的是主辦客戶的年輕行員。他熱中於賽馬、賽腳踏車而陷於相當數目的負債。他夢想一下發大財，而將客戶收來的現款帶到賽腳踏車場，結果全部輸光。

嫌犯覺了悟，全面認罪。在審問過程中，檢查官覺得這個分行的人事管理有問題。嫌犯表面上看來蠻認真，工作態度也不差，但竟然惹起這樣大的事件，他的日常生活一定很亂，工作也馬馬虎虎才對。他誤入賭博歧途，分行內沒有一點傳聞嗎？

若是，上司一定知道，並勸告過他。這一點，對於決定他的刑是很重要的情狀。於是檢查官請他的上司分行課長來問。課長看起來極其「律義」（正派）、「實直」（耿直），是個典型的銀行員，大約四十歲左右。

他的表情很沉痛，全身充滿了反省和悔悟。

課長一句一句慢慢地說：「他的舉止是有點不大一樣。對工作不能全身投入。心神不安定。工作上時發生錯誤。一定發生了什麼事，我想問他而還沒問之前就爆發了這個事件。如果早點採取行動的話，都不會對銀行和顧客添加麻煩，更不會讓他走上犯罪的道路。」

課長表示，一切都是他的責任，他對罪的自覺，比犯人還要深刻。

這個課長的已故父親也是銀行員，其父親在他上班的第一天早晨曾經對他說：「要愛護每一位顧客，要重視每一件工作」，因此他恪遵父親的教誨以至於今日。

這個課長引咎辭職，將其退職金的一半以上交給銀行，以彌補其部下之盜用。從明治時代以來，日本的銀行就是由這種人孜孜不倦的努力運作下來的結果。

撇開「信用」這兩個字，銀行是無法存在的。「錯誤」這個名詞，銀行是不能有的。有一位銀行家大聲疾呼過：「莫怕身上的傷。」如果這是為獲得更多的利益，對一些失敗應該原諒這種意思的話，那是大錯而特錯。

以此為口號，不少銀行成為炒地皮者的鷹犬，融資給暴力團體，假手炒股票的人，更淪為料亭女老板的走狗。

銀行法第一條，開宗明義宣布銀行業務的公共性。為此，採取許可制，保障其獨占地位。它比許可事業的電氣、瓦斯公司更具有公共性。它雖然是股份有限公司，但卻與高利貸截然不同。故絕不可以賺多少錢來競爭。我們應該回歸原點，好好省思銀行是什麼才對。

撚系工連判決的疑問

我年輕的時候，曾經判過強盜案件。被告雖然全面否認犯案，但有目擊其犯行的證人。這個證人是七十多歲的老太太。她詳細作證其目擊的情況。這個作證成為有罪證據。辯護律師就作證的細部，前後的矛盾以反駁證人。但作證的基本並未因此而動搖。故被告被判有罪，而上訴到高等法院。日後，高院擔任該案的法官說：

「因為（她）年齡那麼大，所以有記不清楚的地方。但證人那認真誠摯的眼神，希望法官相信她一言一句的態度。雖然慢吞吞，但很努力於作證。（她）的話為事實是毫無疑問的。這只有在法庭直接親自所看、所聽者才能瞭解。我曾經很想把它錄影下來給上級的法官看。」

作證的真假，要以證人的態度、臉色，被反問有沒有發生動搖，在堅強主張無辜的被告面前是否堂堂正正地作證，被告以何種態度聽著可能使其有罪的作證等等狀況來作綜合的判斷。

將證人傳詢到法庭，令其宣誓，在法官和被告面前，直接作證的意義在這裡。這是刑事裁判的鐵則。

前幾年，東京高等法院就撚系工連事件的前眾議院議員橫手文雄，撤消第一審判的有罪判決，而判決無罪，對此項判決，我有弄不清楚的地方。

這是受賄事件，最重要的證據是行賄者本身的作證。第一審直接詢問行賄者，以其作證為事實而予以判有罪。第二審只看作證的記錄，以為其證言不足採信而判無罪。

第一審的三位法官直接調查結果認為是事實的證言，說是不足採信，實在問題很大。如果產生應判無罪的疑問，應當再傳詢行賄者，以弄清楚其疑問才對。

為什麼沒有這樣做呢？第二審的審判長對大眾傳播媒體辯解說：「因為檢查官和辯護雙方都沒有請求調查證人。」但我覺得這種形式上的議論沒有多大意義。重要的是裁判要使國民容易瞭解。被以沒有作該作的裁判，是不可能獲得國民理解的。

尤其是證人，他（她）有他（她）的榮譽。第二審連看都沒看行賄者的臉，就認為其在第一審的作證不足採信，亦即是偽證。

在這樣斷定之前，為什麼不再給一次作證的機會呢？

行賄者在受賄者被判決無罪之後說：「儘管如此，我的作證還是事實」給我很深刻的印象。

安樂死與腦死

曾經發生是不是「安樂死」的殺人事件。被告是農民的後嗣。他是專心從事農業的模範青年，且擔任青年團長。

被害者的父親，是曾任過區長的地方名士。幾年前患腦溢血症，一倒不起。

他的四肢彎著，全身在床上磨擦得體無完膚，稍微一動，便痛的要命。身體非常衰弱，毫無要活下去的氣力，因而常常喊叫「我想死，把我殺死好了。」

醫生也說，不可能拖太久。

兒子不忍心看父親這個樣子，為使父親早點脫離痛苦，令其父親喝下滲有農藥的牛奶而死去。

法院認為，成立安樂死必須具備以下六個條件：（一）患不治之病，死迫在眼前；（二）其痛苦不忍睹；（三）解除其痛苦是唯一目的；（四）其本人希望死；（五）由醫師處理；（六）方法要自然。

對於這個事件，法院以缺欠（五）、（六）的條件，不認為是安樂死，而予以判處有罪。

其本人一定是徹底思考結果才做出這樣的選擇。在這決定的過程中，如何悲傷和痛苦，不是局外者所能瞭解的。

即使請醫師處理，醫師也不一定會接受。由最尊敬父親的兒子親自下手，或許是「至高之愛」的表現。

這絕非他人事。任何人都有立於這種親子關係的可能性。我們對於自己本身或最愛的家屬之生命的繼續存在，到底能不能以自己的意思來決定？

在「卡蓮事件」、「克魯參事件」和「南西．B事件」，美國和加拿大的法院，皆肯定人人具有尊嚴地「死去的權利」。

從古羅馬時代，到深受基督教影響的中世，自殺是犯罪的行為。自殺由法律的干涉獲得解放，是十九世紀的事。

顯而易見，這是民族生命共同體意識的延伸。有全體才有個人，個人有服務全體的義務，因此個人不可以隨意捨去生命。但我們是否應該永遠受這種古老的共同體思想的束縛嗎？

尊重醫師的判斷，如果滿足一定的條件，我們是不是可以承認其本人或其家屬具有處分人的生命的權利？

「腦死」問題的本質也在這裡。這不是死亡時間是什麼時候這種技術上問題。最理想的是，建立公布各人還在健全的意識之下，「尊嚴死」的權利，和有的人願意移植內臟器官，並由公家機關認證的制度。這種時代似逐漸在接近。

而這種制度，應該以獲得國民的共識，亦即以法律的形式正式公布。

惟有這樣做，「安樂死」和「腦死」，才能從微暗的罪惡意識獲得解放。

黑道者的煩惱

在日本各地，暴力集團非常猖獗。因受到對立抗爭的連累，老百姓往往會喪命。此種事件發生在比較多的一九九二年，全國竟達一百四十六件。因此，我有時候會懷疑日本到底是不是一個法治國家。

根據警察當局的發表，日本的暴力（黑道）團體大約有三千四百個，人數九萬六千人左右。山口組、稻川會和住吉會是斯界的「三大金剛」，佔黑道團體和人員的幾乎一半。組織的系列化和寡佔化，在這個「世界」尤其顯著。

而最有趣的是他們的資金來源。

「有錢萬事通」，當然他們自然不能完全依靠「俠義」過活。海洛英、麻醉藥、賭博、賽馬，賽腳踏車場所的飲食店、黃牛、歡樂街的保鏢，敲詐、勒索等傳統的「籌款法」自不在話下，買賣不動產、股票、經營高爾夫球場，搓圓仔湯的交涉等等，而馳名世界的野村證券公司竟成為他們大肆買賣股票的舞台。

日本暴力團體的一年收入為大約一兆三千億日圓（合大約三千四百億台幣）。其中海洛英、麻醉藥佔三四％、賭博一六％，非法收益佔絕大部分。無需說，這些錢都沒有課稅。所以三％的消費稅使日本輿論壁壘分明的對立，就他們來說簡直是「馬耳東風」。

關於「暴力」和「痲藥」，最近成立了新的法律。因此對於暴力集團活動的限制，海洛英的私自買賣所得的沒收等等，治安機關將有法律可循。

但對於本來就屬於法律領域外的他們的活動，有人認為課以這種行政上的約束和限制，是否有效，表示疑問。

徹底檢舉、逮捕和嚴重處罰是取締的根本。

在水族箱的水槽裡，我們常常可以看到一定有少數的魚與絕大多數的魚群，往相反的方向游。晨早跑皇宮一周者，大多左邊靠皇宮跑步，但總有幾個人相反地跑。這種比喻雖然不好，這種人就是所謂「不講道理者」。

在他們心目中，社會上根本沒有什麼「規則」。他們創造屬於他們自己的老規矩以過他們的生活。

正因為如此，所以很難予以掃滅。

有二、三十人手下的中型暴力團組長（日人稱黑道組織的頭目為組長）被逮捕了。他是前科累累，脊背上全是刺青。這個無惡不作者的最大煩惱不是給上面組織的上繳錢，也不是如何保持地盤，更非年輕人的出賣行為。

他日夜煩惱的是，最近將要上學小孩父親的職業欄要怎麼填寫。當然不能寫「流氓、江湖騙子或賭徒」。

他所煩惱的是不能堂堂正正地告訴自己兒女自己的職業。他的兒女希望他能就普通的職業。

這是何等令人心酸的事。他們也都是「人家的兒子和人家的父親」。善導他們，使他重新做人的鑰匙或許在這裡。

贖罪

夏天的一個下午，驟雨一下子過去，從院子裡的樹叢，蟬齊聲大叫起來，一時的涼意遂消，暑氣又回到身邊。

在最裡頭的房間，一直不斷地念經。朗朗的聲調悅耳，而令人忘記酷熱。住持向佛壇坐著，後面一家四口並坐。

男的五十歲左右，已經有些白頭髮。曬得黑漆漆的臉，說明他長期在野外從事勞動的工作。太太與兩個十幾歲的小孩，恭恭敬敬地坐在這個男人的旁邊。這三個人心不在焉，似不耐煩地等著念經的結束。

另外還有一個三、四歲的小女孩，在男的身邊，學著他盤腿而坐著。故看起來好可愛。她是來玩的附近的小孩，因與這家的人進來佛廳，遂與之坐下來，但不知不覺之中睡著了。

佛壇上，除這個男人的父母牌位外，其旁邊還有一個牌位。上面寫著俗名，由此可知其為女性。今天不是其父母，而是這個女性的忌辰。

二十五年前的一個夏天晚上，他把牌位的女性勒死了。五年前，蓋這座房子設佛壇時，將父母和女性的牌位都安置在這佛龕。對這件事，他太太和兩個小孩，以及念經的住持都知道。

只要有人問起，他都把事實統統說出來，因此出入於他家的人，都知道這個經緯。

念經念完了，住持換位子擦汗之後，隨則太太端茶過來。

孩子們迫不及待地站起來並離開走去。休息一會兒之後住持說：

「為這位忌辰念經，今天算是第五次了。這是很不容易的一件事。你這樣盡心盡意，她的怨恨應該會消失才對。如你所知道，拙僧擔任保護司十幾年，協助過各種各樣的人保護更生，但老實說，我從沒看過像你這樣的人。你努力工作，建立這樣好的家庭，這已經很難得了，還要幫助社區內的事，照顧小孩會，慰問銀髮族，照料好幾個犯過罪的人，更作如此隆重的佛事，供養死者。實在沒話說，佩服佩服。

最近，這個地區的保護司曾經有過聚會，我沒提你的名字，但我對他們說：有這樣非常難得的人，真是不能想像他是個犯過罪的人。聽完我這番話之後，有的女性保護司哭了。當時，保護觀察所的所長也在場，他說：『我很想把他報到中央，以便給予表揚；請能告訴他的名字』。但我予以婉謝了。因為我知道你不喜歡這一套。」

不久，他太太把住持送走了。他一個人留在佛廳，看著女性的牌位。在他旁邊，小女孩睡得很甜。他把小女孩抱起來，想給她說什麼，但他突然喊出「啊！」一聲。為什麼忘了這樣重要的事情。不知何故，他只想著他所殺那位女性的事。

二十五年前的那一天，在那個地方，也有一個小女孩。年齡與現在抱起來的小女孩差不多。發生事情時，那小女孩也在旁邊睡著。跟今天一樣，很熱。

勒被害者的脖子的手，全是汗。加害者和被害者都一直流著汗水。汗水簡直擦不完。男的勒女的脖子時，小女孩在旁邊睡得很熟。那個小女孩，現在不知道怎麼樣？如果還生存，快要三十歲了。他下了決心要找她，找她做什麼呢？他沒想到這裡。

男的出生於北海道的小港口。父親是漁夫。家裡窮困，勉強能維持生活，學校成績比較好的他上了大學。全家都期待著他。為著賺取學費和生活費，他拚命打工，亦得用功，大學畢業後的他進了一家大公司工作。看來前途似錦，但其實不然。背著學生時代的負債，他踏進了社會。

陷入困境時，聽從朋友的建議，利用白領階級高利貸是他挫折的開端。起初的數目並不大，但利捲利，遂變成很大的金額。他背著這筆債，踏進社會。每月的利息，超過他的薪水。稍微慢付利息，對方便故意打電話到公司來催。從朋友、同事能借的，都借遍了。至此，進退維谷，只有「逃亡」，他每天這樣想。

此時，出現了牌位的這位女性。在公司，因為部門不同，所以沒有太留意她，她是很溫靜，靜悄悄守著自己崗位和本分的人。她大約三十歲，寡婦，有一個小孩。這個女性有一次自動跟他打招呼。這時他被高利貸追得很痛苦的傳聞，幾乎傳遍了公司。

這個女性大概同情他，助他一臂之力。她是某宗教的熱心信徒。她給他各種建議，也予以鼓勵，更替他暫時墊了幾次錢。

女的在郊外租農夫的房子住，上班時，則把小孩托交那家農戶照顧。由於她住的地方不遠，故男的訪問過她幾次。她的小女孩很可愛，也跟男的很親近，男的一去，小女孩纏著他不放。

那一天晚上，跟往常一樣，男的去向女的借錢。不知何故，那天她顯得特別嚴肅。小女孩一看到他來，很高興，跟他玩了一陣子之後，小女孩在旁邊睡著了。當天夜晚非常熱，不動也會冒汗來。女的邊擦汗，邊斷然說：

「今天，我跟教團的幹部提出你的事，與其商量。他表示：『幫助他反而會害他。妳要設法使他去解決自己的問題。對此種人尤其絕不可以通融金錢。社會不是那麼簡單。除非他自己親身體會生存的不容易，是無法得救的。』我覺得他說得很對。我過去的做法是錯誤的。除非你自己堅強地站起來，你不能得救。但父母親自當別論。我不知道你父母親是怎樣的人。兒子陷人這種狀況，竟置之不理，我真想看看你父母的臉。」

「想看看某某人之父母的臉」（在日本，這是極其侮辱人家的說詞—譯者）這句話，使男的怒髮衝天。不錯，他父親是微不足道的漁夫，既無學問，又無財產。跟他商量這種事實無濟於事。但他的父親卻以風浪很大的北海為對手，盡最大努力在奮鬥。母親以這種丈夫為榮，幫助這個丈夫過日子。旁人對這對夫婦沒有批評其長短的資格。因為自己不成器，致使其父母亦受到人家的批評。這種憤怒之情，一時對這個女性全面爆炸。

男的對她猛撲上去，把她壓倒，並勒她的脖子。女的眼睛正面瞪著男的眼睛。女的眼睛一點也沒有痛苦、悲傷和生氣的跡象，而只有憐憫之表情。這更使男的怒氣加倍。

女的死了以後，男的才醒悟過來。小女孩還在睡。在靜寂之中，隱約可以聽到其呼息。男的倉皇跑回來，第二天早晨去自首。

男的被判處十五年有期徒刑，他沒有上訴就去服刑。那時候大學畢業者服刑的絕無僅有。所以分配他管理圖書、辦理事務、廚房等比較輕鬆的工作，但他志願去幹開荒、燒木炭、耕田等野外的賣力工作。他認為，只有流汗專心工作才能得救。對神無一物可奉獻的人，贖罪之道只有一條：就是流汗。

隨時光的流逝，不知不覺間，他被稱為模範囚犯，到第十年他獲得假釋。

出獄後，他仍然繼續流汗工作，在水壩、隧道、馬路工程的第一線。他拚命工作，因而晉升班長、小頭目、而頭目，兼管幾個工地現場，繼而結婚成家，蓋房子，設佛壇。這是五年前的事情。

但他的心靈還是不能安。隨時隨地，被害者的憐憫之眼睛一直跟隨著他。此種現象有沒有可能消失？怎樣才能獲得她的寬恕？他時時刻刻想著這件事。時或覺得活著很痛苦。這種時候，她的眼睛顯得更加明亮。

作完了第五次佛事那一天，他決定要去尋找當時的那個小女孩。這樣做，憐憫的眼神會不會變成慈悲之眼神，不知道，但他想把她的女兒找到，並願為這個女兒盡全力。

男的照會二十五年前辦理自己案件的警局（分局），得知當時經辦的刑警住在某地，於是遂給這位刑警寫信，請他協助。不久前刑警回信說：

「真是令人欽佩。你的事件我記得一清二楚。當時大學生的殺人犯少之又少，你坦承認罪由衷悔悟的態度，彷彿尚在我眼前。目前我也擔任保護司。認識的保護司，曾經告訴我：他聽到犯過殺人案件的人很謙恭地祭弔著被害人之靈的感人故事。

萬萬沒想到這個人就是你。我立刻透過警察當局調查，當時之被害者的女兒後來由親戚領養，初中畢業後，到東京去當工員，結婚後不順利又回到故鄉，正在一家餐飲店工作。為了避免其誤解，與其接觸時要特別小心。」

最後寫著她的工作地點和住址。男的遂去她工作的店和住處去探望。住的地方是很簡陋的木造公寓的一室。一看就知道她的生活狀況。

那是很偏僻的一家小餐飲店，有櫃台和普通地面的房間，有二十個客人便會爆滿。她一眼就知道，很像她媽媽，談吐、走路都像得不得了。似很親切又個性強的樣子，也可能承自她母親。

男的去過這家店幾次，與她認識以後，有一天請她到咖啡廳。不知道應該從何說起，怎樣開口的他，終於鼓勇氣，將雙手撐在桌上，深深向她低頭幾次。她以很奇怪和為難的表情看著他。

「實在很對不起。妳可能記不得了，二十五年前，我殺死了妳母親。我用這雙手把妳母親勒死了。當時，妳睡在旁邊。雖然不是道歉所能了的事，但這二十五年來，我一直以對不住你母親的心情活下來。我服了刑，贖了罪。出獄後，我很努力工作，成了家，還能過活。我把妳母親牌位安置於佛壇，早晚都在祭弔妳母親。但我並不覺得這樣就可以了事。請妳讓我來幫助妳。錢也可以，想開店也行，請妳讓我為妳盡點心力。」

她什麼話也沒說，臉有如能樂的面具，毫無所動。

男的又很有禮貌地向她鞠幾個躬。

這時女的開口了。

「我絕不能原諒你。錢、店我都不要。你說你很痛苦，你想以向我道歉來脫離這個痛苦。我不能原諒你。痛苦、不痛苦，那是你的事。我不願意為此事來幫助你。以後請你不要再來。」

女的站起來就走了。

男的茫然望著她的背影。

幾天以後，受男的拜託，前刑警與女的在上一次的咖啡廳見面。前刑警說：

「他真的很痛苦。我不知道我該不該這樣講，世上沒有第二個像這樣難得的殺人犯。普通都是走出監獄就沒事了。從發生事件，已經過了二十五個年頭，但他還是那樣受著良心的責備。在這樣殺氣騰騰的今日社會，這種人是非常少見的。他的存在，令人深感溫暖。所以我想請妳毅然原諒他。如果他心甘情願送妳錢，妳就把它收起來。此外，他又很想為妳母親做很好的墳墓。我建議妳接納他的意思，這對你們雙方都好。」

對此她說：

「我不能原諒他。老實說，我幾乎不記得被殺死的母親了。長相也不清楚了。我只記得小時候，被母親抱著睡覺，感覺母親身體很溫暖。這是我當時記憶的一切。我很幸福。我覺得世界上沒有人比我更幸福。有一天早晨，一醒來，我發現我睡在榻榻米上，而不是在鋪被上面。母親睡在我旁邊。我如往常，伸手摸了母親的身體，瞬間我叫喊了一大聲。好冰好冰。溫暖的母親變成冰涼的母親。這是誰搞的，當時我發誓：我絕不原諒殺死我母親的人。還不懂事的小孩，這樣發誓。我現在還是會作母親的夢。夢中的母親是冷冰冰的母親，不是很溫暖的母親。夢到冷冰冰的母親在叫喊中驚醒過來。我結婚不順利就是為了這種原因。所以我不能原諒他。但是……。」

女的講到這裡，遂住了嘴。

前刑警過一會兒插嘴說：「但是……怎麼樣？」

「但是，昨天晚上，我又作了母親的夢。我在母親懷抱裡睡覺，很奇怪，母親不是冷冰冰。母親說：『原諒他吧，媽媽已經不在乎了。』母親的身體始終很暖和，我也沒有亂叫了。為什麼會作這種夢呢？或許因為跟他見面，聽了他的話的結果也說不定。在這種意義上，我很感謝他。請你把這個意思轉告他。由於這樣，他能心安理得就好了。但是……」

女的話停了。

過一陣子，前刑警問她：「但是……怎麼樣？」

「但是，我仍然不能原諒他。母親痛苦，我痛苦，他也痛苦。或許時間會解決這個問題，但我想我永遠不能原諒他。對於為什麼的問話，我無法回答，因為他犯了如此滔天大罪。這不是誰原諒誰可以了事的。我相信任何人都沒有資格原諒這樣的罪。人要原諒人，要救人，我認為人根本沒有這種力量。他的事，只有由他自己其心靈上去謀求解決。錢，我是不會收的。母親的墳墓雖然簡陋，但我不希望由別人來把它修得更好。本來就不是這種問題。這日中，我將離開此地，我想我不會再與你們見面了。」

女的站起來，走出了咖啡廳。留下來的前刑警自言自語目送她。前刑警的自言自語，如果他是愛好文學，則為《罪與罰》，如果是基督教信徒，可能聽成是「主呀，一切任你主宰」，不湊巧，前刑警是普通的人，他的自言自語是「如果這是她們的人生，也沒辦法。」

一位社會正義化身的檢查官

——紀念吾友日本前參議院員佐藤道夫先生

陳鵬仁

七月十六日，我友日本前參議院道夫先生逝世。享年七十七歲。他曾任檢查官將近四十年，最後是北海道札幌高等檢查廳檢查長。因作得很公正，退休前夕被小黨二院俱樂部邀選參議院議員當選。六年後加入民主黨，連選連任，故一共做了十二年的參議員。

他在《週刊朝日》撰寫連載有關司法官、檢查官的文章，後來由朝日新聞社出版單行本，我徵其同意，將其譯成中文，在《民眾日報》、《國語日報》、《司法周刊》等十二個報刊發表。《國語日報》刊出時，更由中國服務網「窗外有藍天」播出，可見其作品之非常獲得好和肯定。

該書中文版由慶宜文化事業股份有限公司出版，書名叫做《檢查官與社會正義》，當時的施啟揚法院長曾贈寫推薦文。出版紀念會時曾請來佐藤議員，馬樹禮、趙守博兩位先生亦曾經蒞臨。在台北時，佐藤議員曾去拜訪馬英九法務部長，並在台大法學院主要以律師、司法界人士為對象，佐藤議員曾作了一場演講。今日佐藤議員仙逝，我特別選出一篇極有意義的佐藤議員的文章來紀念他。

穗積橋

這是在一個結婚喜宴上的故事。

新郎是新進氣銳的法官。在喜宴接近尾聲時，新郎的父親代表親屬致謝詞。父親是四國宇和島的人。他沒有說客套話而直截了當談了宇和島內辰野川上的「穗積橋」的來歷。

這座橋名來自明治時代名法學家穗積陳重。

穗積是四國宇和島藩的出身。明治初年以文部省（教育部）留學生身分留學英國和德國，專學法律。回國後出任東京帝國大學教授，教授民法。他起草「明治民法」，三十二歲時成為第一位日本法學博士。

穗積不僅是學者、教育家，而且歷任了貴族院議員、帝國學士院院長（相當於我國中央研究院院長—譯者）、樞密顧問者、樞密院議長等要職。

他去世於一九二六年，享年七十一，是明治法學界的泰斗，其足跡燦然光輝於青史。當時是從明治到大正之崇拜偉人和英雄，藩閥意識仍然很濃厚的時代。因此許多人要為出生宇和島的這位偉大學者立座銅像永誌他的榮譽。

對於熱心無比，一再懇求的鄉親們，穗積說：

「以銅像為同鄉萬人仰視，我倒以橋作大眾的橋樑為無上的光榮。」

他的意思是說，如果有錢立銅像，不如以這筆錢來做有益於民眾的事。

日後宇和島市接受了穗積的意思，在市內建造一座橋叫穗積橋，以顯彰他的遺德，以至今日。

在喜宴席上父親又說：

「今日，為各位祝福結婚的這個兒子，決心要走法律工作者的道路時，我便把他帶到穗積橋，腳踏此橋，對他說明橋的由來。作為法律工作者，我要他發願不求名利和富貴，在世人不知不覺中像這座橋，默默支撐社會，為人們努力工作，你應該有這種氣概。我只要求自己兒子這件事。」

會場充滿了感動。父親所說的一言一句，至今仍然在我耳中。就我來說，這位父親的背影，與前此在高棉犧牲的中田厚仁氏與高田明行警部補這兩位之父親的背影，重疊在一起。

最近，在德島縣土城町建造了故三木武夫氏（曾任首相）的銅像，現任大臣等許多政界人士參加了盛大的揭幕典禮。這是座高達幾公尺的堂堂銅像。其建造，是否三木氏的遺志，不知而知。

但這是不是很適合顯彰一向堅決主張清廉的政治，與金權腐敗勢力搏鬥一輩子的三木氏的遺德，與同樣四國的穗積橋的故事對比，實值得我們深思。

（作者為中國文化大學日研所所長）

國家圖書館出版品預行編目資料

近代中日關係研究 第二輯：檢察官與社會正義 / 佐藤道夫 著 / 陳鵬仁譯. -- 初版. -- 臺北市：蘭臺出版社, 2022.11
冊；　公分-- (近近代中日關係研究第二輯；10)
ISBN 978-626-95091-9-5(全套：精裝)

1.CST: 中日關係 2.CST: 外交史

643.1　　　　　　　　　　111011488

近代中日關係研究第二輯 10

檢察官與社會正義

作　　者：佐藤道夫
譯　　者：陳鵬仁
主　　編：張加君
編　　輯：沈彥伶
美　　編：凌玉琳、陳勁宏、塗宇樵
校　　對：周運中、楊容容、古佳雯
封面設計：陳勁宏
出　　版：蘭臺出版社
地　　址：臺北市中正區重慶南路1段121號8樓之14
電　　話：(02) 2331-1675 或 (02) 2331-1691
傳　　真：(02) 2382-6225
E - MAIL ：books5w@gmail.com或books5w@yahoo.com.tw
網路書店：http://5w.com.tw/
https://www.pcstore.com.tw/yesbooks/
https://shopee.tw/books5w
博客來網路書店、博客思網路書店
三民書局、金石堂書店
經　　銷：聯合發行股份有限公司
電　　話：(02) 2917-8022　　傳真：(02) 2915-7212
劃撥戶名：蘭臺出版社　　帳號：18995335
香港代理：香港聯合零售有限公司
電　　話：(852) 2150-2100　　傳真：(852) 2356-0735
出版日期：2022年11月 初版
定　　價：新臺幣12000元整（精裝，套書不零售）
ISBN：978-626-95091-9-5